シリーズ
知の図書館
7

図説 世界を変えた
50の政治

Fast Track
Politics

◆著者略歴
アン・パーキンズ（Anne Perkins）
政治を専門とする作家・放送ジャーナリスト。主著に、イギリスで戦後長く下院議員をつとめた労働党の女性政治家バーバラ・カースルの伝記『赤い女王（Red Queen)』、1920〜30年代にイギリス首相をつとめたスタンリー・ボールドウィンの伝記（シリーズ『20世紀のイギリス首相20人（The 20 British Prime Ministers of the 20th Century)』の1冊）、1926年イギリスのゼネストを再評価した『いかにもイギリスらしいストライキ（A Very British Strike)』などがある。かつては放送局のBBCとITN、および新聞「ガーディアン」で政治記者として働き、現在はガーディアンで論説委員をつとめている。テレビとラジオの政治番組の司会者としても活躍しており、最近では公務員をテーマとするBBCラジオ４の連続番組「しゃんとしなさい、サー・ハンフリー」の司会をつとめた。

◆訳者略歴
小林朋則（こばやし・とものり）
翻訳家。筑波大学人文学類卒。おもな訳書に、ボツマン『血塗られた慈悲、笞打つ帝国。』（インターシフト）、ファタードー編『ヴィジュアル版国家と国民の歴史』（原書房）、マッキンタイアー『ナチを欺いた死体』『英国二重スパイ・システム』（ともに中央公論新社）などがある。新潟県加茂市在住。

Illustrations by: Eva Tatcheva
Additional text supplied by: Jeremy Stangroom and Lucy Kingett

シリーズ知《ち》の図書館《としょかん》７
図説《ずせつ》世界《せかい》を変《か》えた50の政治《せいじ》

●

2014年 11月 10日　第１刷

著者………アン・パーキンズ
訳者………小林朋則《こばやしとものり》
装幀………川島進（スタジオ・ギブ）
本文組版………株式会社ディグ
発行者………成瀬雅人

発行所………株式会社原書房
〒160-0022　東京都新宿区新宿1-25-13
電話・代表 03（3354）0685
http://www.harashobo.co.jp
振替・00150-6-151594
ISBN978-4-562-04999-8

シリーズ
知の図書館
7

図説 世界を変えた50の政治

Fast Track Politics

アン・パーキンズ
Anne Perkins
小林朋則 訳
Tomonori Kobayashi

目次

序文 **5**
第1章　政治思想家たち **6**
トピック：
　保守主義と新保守主義 8
プラトン 10
アリストテレス 12
ニッコロ・マキャヴェッリ 14
トマス・ホッブズ 16
バールーフ・スピノザ 18
ジョン・ロック 20
シャルル・ド・モンテスキュー 22
ジャン＝ジャック・ルソー 24
エドマンド・バーク 26
トマス・ペイン 28
アンリ・ド・サン＝シモン 30
オーギュスト・コント 32
ジョン・ロールズ 34

第2章　帝国を建設し、征服し、
**　支配した者たち** **36**
トピック：全体主義 38
アレクサンドロス大王 40
秦の始皇帝 42
ユリウス・カエサル 44
カール大帝 46
サラディン 48
チンギス・ハン 50
フェルナンドとイサベル 52
エリザベス1世 54
アクバル大帝 56
エカチェリーナ2世 58
ナポレオン・ボナパルト 60
オットー・フォン・ビスマルク 62
アドルフ・ヒトラー 64

第3章　新国家の建設者たち **66**
トピック：社会主義 68
ジュゼッペ・ガリバルディ 70
孫文 72
マハトマ・ガンディー 74
ケマル・アタテュルク 76
ダヴィド・ベン＝グリオン 78
ガマル・アブドゥル・ナセル 80
ネルソン・マンデラ 82

第4章　革命家たち **84**
トピック：共産主義 86
シモン・ボリバル 88
カール・マルクスと
　フリードリヒ・エンゲルス 90
ヴラジーミル・イリイチ・
　レーニン 92
ヨシフ・スターリン 94
アントニオ・グラムシ 96
毛沢東 98
ルホラ・ホメイニ 100
フィデル・カストロ 102

第5章　偉大な指導者たち **104**
トピック：民主主義 106
ムハンマド 108
エイブラハム・リンカーン 110
ウィンストン・チャーチル 112
ジャワハルラル・ネルー 114
シャルル・ド・ゴール 116
マーティン・ルーサー・
　キング・ジュニア 118
ミハイル・ゴルバチョフ 120
レフ・ワレサ 122
バラク・オバマ 124

用語解説 126
索引 128

序文

政治とは、人と社会とのあいだに成り立つ関係のことであり、その歴史は人類の歴史と同じほど古い。人々の集まるところ、どんな組織や団体でも、かならず政治が機能している。本書は国家の政治についての入門書だが、ここに書かれた考え方の多くは、国家にかぎらず大小さまざまな集団にもあてはまる。

政治思想は、一朝一夕に生まれることは少なく、たいていは一人一人の理論家が、先人や同時代人の業績を拡張・修正・批判しながら、少しずつ発展させてきたものだ。多種多様な問題のどれに重点を置くかも、時代状況に応じて変化してきた。

社会秩序に大きな変化が起こると、統治する者とされる者の関係や、市民が従うべき義務と市民がみずから望むように行動する権利の起源との関係について、新たな考えが生まれる。支配者と抵抗者は、どちらも自分の正当性を主張しようとして、その根拠をたえず政治理論家の説に求めた。それを受けて、理論家やその説を支持する文筆家たちは、政治家の目的に資する思想をたえず提供しつづけてきた。こうした論述家のなかには、エドマンド・バークやトマス・ペインのように、訴え方が非常に明快だったため、今ではその思想の代名詞のようになっている者さえいる。また、レーニンとマルクスのように、政治指導者と政治哲学者が切っても切れない関係となり、そこからまったく新たな理論が生まれることもある。

この本でとりあげる理論家や指導者を選ぶに際しては、プラトンとアリストテレス、ロックとモンテスキュー、マルクスなど、政治思想を築いてきた人々の業績を紹介するのはもちろん、21世紀の政治を形作っている思想に光をあてることにも留意した。

帝国の建設者や征服者、革命家や指導者も、政治哲学者の思想から影響を受けたり、逆に影響をあたえたりしながら、現代の政治家たちが議論の際によって立つさまざまな政治的立場を明確にするのに寄与してきた。

本書でとりあげるべき人物は、ほかにもまだまだいるだろう。この人物事典を読んだあとで、読者のみなさんも自分なりの人物リストを作ってみてはいかがだろうか。

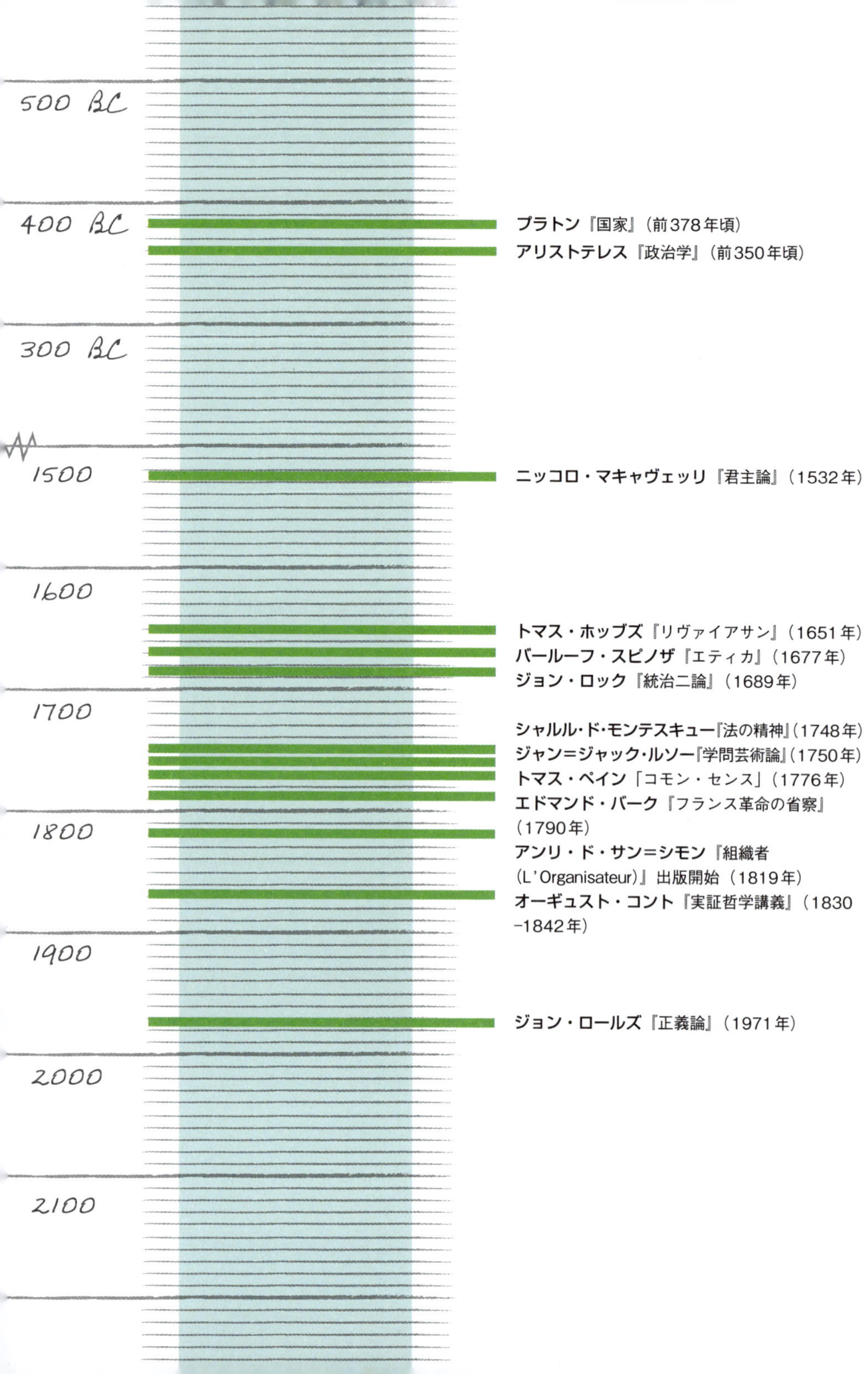
500 BC
400 BC
プラトン『国家』（前378年頃）
アリストテレス『政治学』（前350年頃）
300 BC
1500
ニッコロ・マキャヴェッリ『君主論』（1532年）
1600
トマス・ホッブズ『リヴァイアサン』（1651年）
バールーフ・スピノザ『エティカ』（1677年）
ジョン・ロック『統治二論』（1689年）
1700
シャルル・ド・モンテスキュー『法の精神』（1748年）
ジャン=ジャック・ルソー『学問芸術論』（1750年）
トマス・ペイン「コモン・センス」（1776年）
エドマンド・バーク『フランス革命の省察』（1790年）
1800
アンリ・ド・サン=シモン『組織者（L'Organisateur）』出版開始（1819年）
オーギュスト・コント『実証哲学講義』（1830–1842年）
1900
ジョン・ロールズ『正義論』（1971年）
2000
2100

第1章
政治思想家たち

初期の政治理論は、主として統治のあり方と目的に関心があり、指導者の道徳心を問題にしたり、社会を組織化する壮大なモデルを提唱したりすることが多かった。しかし、やがて官僚機構が発達し、戦争が増え、科学が進歩し、歴史研究が進むにつれて、学者たちは権力奪取の過程に注目するだけでなく、栄枯盛衰をくりかえす専制権力に服属することの多かった市民の自由と権利にも目を向けるようになった。

保守主義と新保守主義

保守主義と新保守主義は、言葉そのものは似ているが、その中身はまったく違う。保守主義者は、実用本位の考えから伝統を重んじ、既存の制度を尊び、先祖から受け継いだ地位を大事にする。それに対して新保守主義とは、アメリカで1960年代のカウンターカルチャーに対抗して唱えられた20世紀のイデオロギーだ。そのもっとも顕著な特徴は、国際政治の場で世界各国に民主主義をむりやり押しつけようとするタカ派だという点である。

保守主義は、政治的信条というより、物の見方・考え方だといっていい。保守主義者は、イデオロギーという発想には総じて警戒感をいだく。革命の時代だった18世紀に著作を残したエドマンド・バークは、受け継がれてきた伝統と文化の価値をいち早く明らかにして称賛し、伝統と文化を上から変えようとするのは危険だと警告した（26p参照）。

バークは既存の体制を擁護するだけでなく、いくつかの信念も掲げている。たとえばアメリカ植民地が印紙法に反対したとき、彼は、法律は適用を受ける人々の感情と習慣を守るものでなくてはならないと主張した。もし人々全員が反対したら、まちがっているのはきっと法律の方だ。実用本位を重視し、時代と状況を観察することで、正しい道が開かれると考えるのである。

しかし、バークがもっとも激しく論じたのはフランス革命についてだった。彼は、条文で細かく定められた「人間の権利」を、それがフランスの文化や歴史と有機的な関係をまったくもっていなかったばかりか、そうした文化や歴史を意図的に破壊しはじめたことから、徹底的に批判した。

保守主義者は、人間は完全な存在にはなれないとみなす。そのため、政府が法律を通じて改革を進めようとするのはむだだと考える。抽象的な空理空論をなによりもいみ嫌う。また保守政党は、ドイツのキリスト教民主同盟にみられるように、宗教心と結びつくことも多い。

立憲主義と伝統を同じように重んじ、そうした態度が19世紀ヨ

「現在しか知らないのと、過去しか知らないのとでは、どちらが人をより保守的にするのか、わたしにはわからない」

ジョン・メイナード・ケインズ

ーロッパでは、長く続いた反革命同盟の基盤となり、やがてナショナリズム運動と深く結びつくようになった。

社会主義が高まり、自由主義が衰退するにつれ、保守主義は自由主義者の懸念の一部に理解を示し、彼らの支持をとりこんでいった。今もときおり、保守主義は、「小さな」国家（国民生活への介入をできるだけ小さくする政府）や個人の自由尊重など、かつて自由主義の看板だった立場と関連づけられることがある。

新保守主義は、1960年代のアメリカでリンドン・B・ジョンソン大統領の「偉大な社会」プログラムで進められた増税と政府の役割拡大に対する反動として生まれたものだが、とりわけ、一部の人がいだいていた道徳的危機感、つまり、性行為と避妊と中絶をめぐり社会の道徳的規範がくずれて社会が乱れるかもしれないという不安にこたえるものだった。

社会の乱れに対抗するため秩序を求める動きは、共産主義と戦うという具体的な使命につながった。ロナルド・レーガン大統領がソヴィエト連邦を「悪の帝国」と非難したのは、これをおしすすめる契機となった。その後、新保守主義の主張は、アメリカは受け身の対応に終始するだけでなく、自分の方から積極的に民主主義やアメリカの文化と価値観を広めるべきだという内容へ変わっていった。そうすべき理由のひとつとして、いわゆる「ネオコン」は、西洋的価値観が他地域の非民主主義的価値観（とりわけイスラーム過激派のテロリズム）をいずれ制するからだと述べている。なぜなら西洋以外の価値観は、彼らによると、生活が貧しく、貧困から抜け出すチャンスにも恵まれず、政治と宗教がきわめて密接に結びついている社会が根底にあるからだという。さらに、世界各国で民主化が進めば、平和が広がり、同じ教育と経験と行動規範が共有されて、意思の疎通がいっそうスムーズに進むとも主張している。

プラトン
知的エリートによる政治を主張

Platon

生年
前427年頃、アテナイ、ギリシア

没年
前347年頃、アテナイ、ギリシア

プラトンの政治研究は、知恵を尊ぶ国家をめざしていた。彼は政治を、高い教養をもつひとにぎりの集団にこそふさわしいエリートのための活動だと主張した。

プラトンの青年時代は、アテナイの国力が徐々におとろえ、政治が大混乱におちいった時期にあたっており、この間に師ソクラテスは不当な裁判で死刑を宣告され、プラトン自身もアテナイからの亡命を余儀なくされた。帰国後、プラトンは多種多様なテーマを知的に探究する拠点として、史上初の大学ともいうべきアカデメイアを創設した。

前378年頃、プラトンは政治にかんする大著『国家』を執筆した。この本は、かつての師ソクラテスと、アテナイの著名人たちとのあいだでかわされる一連の対話という形式をとりながら、当時のアテナイを襲っていた苦難の原因を解明しようと試み、その衰退をくいとめる方法を検討したものだ。ここでプラトンは、社会はいくつかの階層に分かれており、その頂点にいる一流の哲学者たちが、無知蒙昧な一般市民を、彼らには想像もつかない理想国家を体現した穏やかで全体的調和のとれた善き生き方に導く義務を負っていると考えた。

エリート層による支配という考え方は、理性にもとづく「科学的」政策を中心に結成された政治的集団が人々のために活動するが責任は負わないという点で、最初の「政党」擁護論とみなされることがある。1930年代には、ソ連（現ロシア）に見られた一種の全体主義的支配を正当化するのにもち出されたこともある。たしかにプラトンには、国家を維持するためなら家族の絆さえも否定する共産主義的な生活を強要する考えはあったが、自分の理想国家説に欠点のあることも自覚していた。この説は、理想的なエリート層は、賢明にふるまわなくてはならないとの義務感から行動が穏当になるはずだとの前提に立っているが、この前提が現実には起こりえないことをプラトンは認めていた。

プラトンは後年の著作『政治家』で、法の支配で指導者を正しい理念に従わせるべきだと訴えた。さらに最後の著作『法律』では、支配者が支配を行なえる状況を作り出すと同時に、個人の道徳的弱さを認めることもできる制度はどうすれば実現可能かを模索した。そうしてたどり着いた答えは、「国家全体の碇《いかり》」である秘密機関「夜の会議」を頂点とする階層的評議員制度が運営する厳しい市民教育であった。プラトンは、ひとにぎりの賢明な人々が大衆を真理へ導く必要性に最後まで疑問をいだくことはなかったが、国家は道徳目的のために存在すると考えたことで、ヨーロッパ政治思想の発展に決定的な貢献を果たした。

プラトンは、道徳的に安定した調和社会を作るためには、高い教養をもつひとにぎりの思想家たちが統治の役割を引き受け、「無知蒙昧」な市民が自分に割りあてられた人生の目的を達成できるようにしてやる必要があると主張した。これを全体主義の走りと見る向きもあるが、プラトンの思想は、国家は道徳的指針であるべきだとの信念にもとづいていた。

アリストテレス

政治学の基礎を築く

Aristoteles

生年
前384年、スタゲイロス、ギリシア

没年
前322年、エウボイア島カルキス、ギリシア

プラトンの弟子でアレクサンドロス大王の家庭教師だったアリストテレスは、近代的な政治学の生みの親だ。師のプラトンから国家の道徳目的についての考えを引き継ぎながらも、彼は市民と民主主義を支持する立場をとった。

アリストテレスの『政治学』は、彼が論理的な体系構築に専念していた晩年に書かれたものだ。そこでは、理想国家を共同体全体の利益を目的とする国家ととらえ、そうした国家の国制についての考えや定義をさまざまに論じている。プラトンと同様アリストテレスも、すべてのものには目的があり、人間の目的は幸福になることだと考えていた。その彼が探究したのは、人々がみずからの潜在的可能性を発揮して理性と教養をかねそなえた自覚的存在となれるよう、社会を組織することだった。アリストテレスは、好ましい政治世界として、人間関係が密接なポリス（都市国家）という環境をとりあげた。彼の考える理想国家では、市民が公共の利益のために団結し、この全体的な目的をめざして人々は各自の能力に応じてそれぞれの務めを果たす。なかには貴族階級のように、ほかの人々よりすぐれた業績を上げる能力をもつ者がいる。その一方で、もちろん奴隷制度はたいていが不当なものだが、それでも自分より有能な主人の手で導かれなくてはならないような、奴隷と大差ない人々もいる。

プラトンと同じくアリストテレスも、法の支配、つまり神と理性による支配は、すぐれた国家に必要な前提条件だと考えていた。「情熱は支配者の精神を堕落させる。たとえその支配者が最上の人間だとしてもだ」と断言している。したがって、法律は個人よりも優先されなくてはならない。さらに国家も、一個人より大きな存在ではあるが、市民の願いを反映することができなくてはならない。

アリストテレスは、権力を行使する人間の数と徳を基準に国家を分類した。支配者が一人の場合は、名誉を求めて統治する「君主政治」と、富を求める「僭主《せんしゅ》政治」に分かれる。少数による支配は「貴族政治」だが、富を求めて腐敗すれば「寡頭政治」になる。多数派が公共の利益のために行なう統治を「共和政治」という。

アリストテレスが理想としたのは君主政治だが、最善の統治形態である君主政治は、腐敗すると最悪の統治形態である僭主政治になってしまう。それに対して、理想からもっとも遠い共和政治は、腐敗した場合の悪影響も、もっとも少なくてすむ。よって、多数派が多数派のために行なう政治が、幸せな生活を営みつづけられる可能性のもっとも高い統治形態だと、アリストテレスは論じている。

アリストテレスは、みずから著した政治的・哲学的書物のなかで理想国家を、人々を公共の利益のために団結させる国家と定義した。そして、ピラミッド型の社会構造を支持しながらも、多数派が多数派のために行なう政治こそ平和な社会を保証する最善の選択肢だと主張した。

ニッコロ・マキャヴェッリ

Niccolò Machiavelli

国家経営術を提唱

生年
1469年、フィレンツェ、イタリア

没年
1527年、フィレンツェ、イタリア

マキャヴェッリは、政治哲学の主流から離れた存在だ。彼より以前であれ以降であれ、多くの学者は権力の特徴と起源や政治の目的などの問題に頭を悩ませていたが、マキャヴェッリはそうした問題にはまったく取り組んでいない。彼が関心をよせたのは、国力の増強と秩序の安定および国家の安全であった。

ニッコロ・マキャヴェッリは、ルネサンスを代表する都市フィレンツェで代々行政にたずさわってきた家に生まれた。29歳でフィレンツェ共和国の第2書記局長に就任。メディチ家がフィレンツェで復権すると、1512年から1521年まで政界を追われ、この不遇の時期に、代表作となる『ローマ史論』と『君主論』を執筆した。ただし、どちらも生前には出版されることがなかった（出版は『ローマ史論』が1531年、『君主論』が1532年)。

『ローマ史論』と『君主論』の2冊は、マキャヴェッリの著作のうち今も読み継がれているものである。『ローマ史論』は、共和政ローマの偉業を手本に、失敗を反面教師にして現代にいかそうとした大部の論考であり、『君主論』は、権力を巧みににぎって行使する方法を臆面もなく説いた小編だ。どちらも世俗主義と共和主義に立っており、現代政治哲学の礎となった著作である。マキャヴェッリの辛辣でシニカルな言葉は、今なお十分に衝撃的で、たとえば『君主論』には、次のような一節がある。「人というものは非常に単純で、目先の必要に唯々諾々と従おうとするものなので、こちらにだます気さえあれば、向こうから喜んでだまされる人間をかならず見つけることができる」

『君主論』でマキャヴェッリは、道徳的な理想郷を実現する方法を求めてはいない。彼が生きていたのは、戦争に勝つことで頂点に登りつめた強力な支配者にしか統御できない、暴力の横行する不安定な世界であり、彼が『君主論』で求めたのは、身のまわりで実際に起きていた諸問題に対する現実的な解答だった。君主がそなえるべき徳は、善ではなく（もちろん善人であるかのようによそおってもよいが）有能さであり、君主の行動が道徳的にどのような結果を生むかは問題にならない。よって、「自国民を殺し、味方を裏切り、信心も慈悲心も宗教心ももたないことを美徳とよぶことができない」のは、それが状況に迫られてのことでない場合にかぎられる。偉大な君主となるには、敵から勝利を得るだけでなく、武勇と豪胆によって運にも勝たなくてはならない。

国家は道徳目的のために存在するのではないとする考え方は、マキャヴェッリが亡くなって数十年後にはしだいに受け入れられるようになり、後世のスピノザやルソーは、マキャヴェッリを共和主義者や民主主義者として高く評価した。

マキャヴェッリは、国家の安全を確保するため権力を奪取・維持するという現実的な問題を歯に衣着せずに述べて、今日でもなお読む者に衝撃をあたえている。もっとも重要な2冊の論書は、どちらも死後に出版されたが、今では近代的共和主義思想の発展に不可欠だったとみなされている。

トマス・ホッブズ 絶対権力を正当化

Thomas Hobbes

生年
1588年、ウィルトシャー、イギリス

没年
1679年、ダービーシャー、イギリス

ホッブズは、社会の起源を説明するため「自然状態」という概念を発展させて絶対権力を正当化し、利己主義が十分な動機になると考えて、18世紀から19世紀に大きな影響をあたえた。

トマス・ホッブズのもっとも重要でもっとも有名な著作は、1651年に出版された『リヴァイアサン』だ。マキャヴェッリと同じくホッブズの政治思想も、戦争をきっかけに生まれ、強力で安定した社会を作ることをめざしていた。しかし、ホッブズは科学的方法を身につけており、そのため彼は、人々の行動が形成される際の基本法則を探り、政治制度が人々にとって有益である科学的根拠を求めた。ホッブズ自身『リヴァイアサン』で、「国家を作り維持する技術は、計算術や幾何学のように、明確な法則にもとづくものである」と述べている。

『リヴァイアサン』は、社会における人間のあり方を説明した書で、神の役割をほとんど認めず、政治をもたない人々の悲惨な姿を描いて、当時の人々に衝撃をあたえた。ホッブズは、人間の自然状態は実質的に戦争状態であると見た。この状況では、人間の生活は、ホッブズの有名な言葉を借りれば、「孤独で貧しく、卑劣で残忍で短い」ものになる。つまり、アリストテレスの説に真っ向から反対して、人間は政治的動物ではないと主張したのである。人間は、自分の利益のためだけに行動し、自分の思いのままにふるまう手段として権力を求める。ホッブズの考えでは、個人は、生命に対する権利と、そこから導き出される自己保存の権利以外はいかなる権利ももたない。したがって、現在の権威を否定して別の権威を支持する権利は、現在の権威が安全をもはや提供できなくなった場合にのみ生じるという。

ホッブズは、人々が無秩序な自然状態から抜け出すため自分の権利を放棄するという仮想の契約を提唱した。この契約で権利を譲渡された「統治者」(これは、一人の人間でもよいし、複数の人間の集まりでもよい)は、絶対権力を手にし、この主権者が法律と教育内容と国家の宗教を決定する。統治される人民は、互いの関係を法律により拘束されるが、統治者は人民の財産を自由に処分できる。このあり方は、自然の社会単位である家族の秩序を模倣したものだ。ホッブズの唱える国家は、道徳的な機能を有しない。たんに、秩序を打ち立てて維持するのにもっとも有効な手段であるにすぎない。

ホッブズの世俗主義と現実主義は、当時の思想と大きく異なっており、その後の200年間に議論が進む方向を定めた。

社会分析を通じて**ホッブズ**は、基本的に利己的で権力志向の強い市民を相手に、規模の大きい新たな国家が安定を維持できるための基本法則を見つけ出そうとした。そして、絶対権力を一個人または１個の人間集団にあたえ、その絶対権力者が、本来は無秩序な世界に秩序をあたえる統治形態が望ましいと主張した。

バールーフ・スピノザ
良心の自由を擁護

Baruch Spinoza

生年
1632年、アムステルダム、オランダ

没年
1677年、ハーグ、オランダ

バールーフ・スピノザは初期の合理主義者だ。トマス・ホッブズと同じく、彼も自分の哲学の科学的基礎を求めたが、スピノザは人々を喜怒哀楽に支配される者と見るのではなく、理性を使って自己を解放できる存在だと考えた。

スピノザは、オランダの裕福なユダヤ人の家に生まれた。正統派ユダヤ教徒として育てられたが、非宗教的な思想にも通じ、当時同じくオランダに住んでいたデカルトに傾倒した。1662年までに、『神・人間および人間の幸福に関する短論文』と『知性改善論』(出版は1670年)を書き上げ、5部構成の主著『エティカ(倫理学)』の執筆を開始した。肺病で若くして亡くなり、死後『神学・政治論』と『国家論』が出版された。

スピノザは、独自の論理をひたすら展開していった。その結果、すべての被造物は、動物も人間も各自が理性に従いながら力のかぎり自然法を守っており、かつ、神は万物に宿っているのであるから、人が行なうことはすべて神に通じていると主張した。のちにフランスの懐疑論者ピエール・ベール(1647-1706)から、「不条理な仮説」とよばれた考えである。

スピノザが政治思想に残した最大の貢献は、良心の自由を主張したことで、当初は信教の自由を訴えるのが目的だったが、やがて思想全般の自由を求めるようになった。良心の自由は、人々は自然法に支配されているという彼の結論から導き出されたものだ。自然法とは、人間の本性にもとづく原理であって、本性以外のいかなる権威にも起源をもたない。人は、自分の本性に従い、そうすることで善悪についての判断を形成する自然権(生まれながらの権利)をもっている。したがって、他人が相手に自分の意見を押しつけようとするのは自然法に反する行為である。スピノザは『神学・政治論』でこう語っている。「もし統治者が被統治者に、何を真実として受け入れ、何を虚偽としてしりぞけるべきかを指示しようとするなら[中略]、それは統治者が被統治者を不当に扱い、その権利を奪っているものとみなされる。なぜなら、こうした問題では個人が自分の権利を譲渡することは、たとえみずから望んだとしても、できることではないからである」

人は、自分の頭で考えず判断を他人まかせにすることができるが、スピノザはこの点を非常に軽視していた。また、良心の自由はたしかに権利ではあるが、この自由によって、違う考えの持ち主を統治者が敵とみなすのをやめさせられるわけではないことも認めている。しかし、異なる考えを敵視するのは不当な行為だとスピノザは考えていた。なぜなら、政治の目的はホッブズのいう安全だけではないと確信していたからだ。彼にとって政治の目的は、平和と、個人が自分の頭で考える自由とを確保することであった。

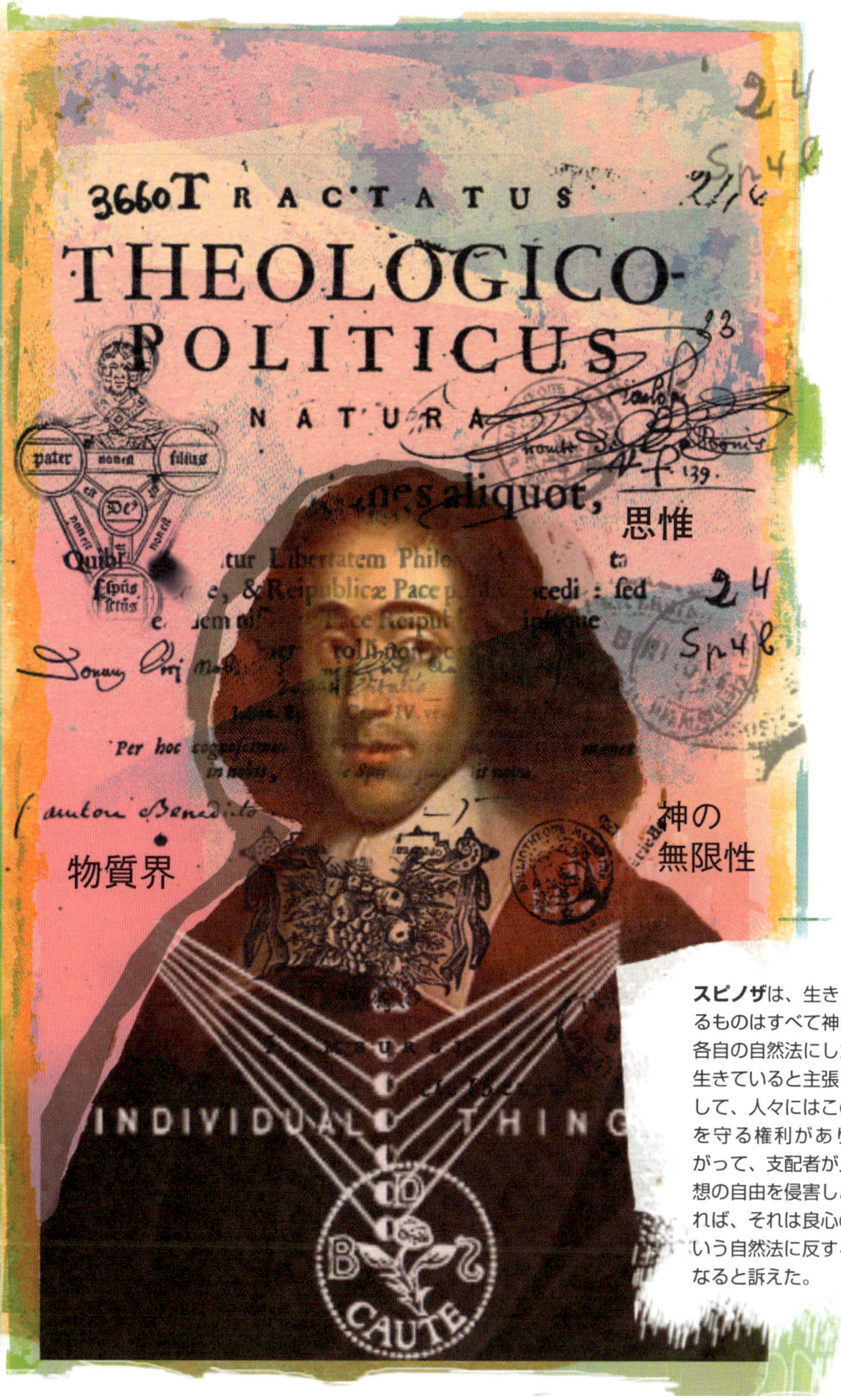

スピノザは、生きとし生けるものはすべて神に通じる各自の自然法にしたがって生きていると主張した。そして、人々にはこの自然法を守る権利があり、したがって、支配者が人々の思想の自由を侵害しようとすれば、それは良心の自由という自然法に反することになると訴えた。

ジョン・ロック
啓蒙主義的自由主義を提唱

John Locke

ジョン・ロックは、啓蒙主義の最初の哲学者であり、自由主義的・立憲主義的民主主義と個人の自由を理論化した人物だ。当初ロックの自由主義は、非常に限定的な民主主義や立憲君主制を正当化するのに利用された。しかし、労働と財産および個人の権利の本質にかんする彼の思想は、やがてそれよりはるかに急進的な学説の根拠になった。

ジョン・ロックは、ピューリタンの家に生まれた。父親は地方判事で、イギリス大内乱（ピューリタン革命）では議会派に参加して戦った。ロックは1652年から1665年までオックスフォード大学で学んだが、従来の学科よりも、当時急速に発展していた実験科学の方を好んだ。

彼が政治について論じた『統治二論』は、1688年の名誉革命を称賛するために書かれたようだ。当時はイギリスの政治制度が確立した時期であり、ロックは、ホイッグ党の指導的思想家として、そうした動きの中心にいた。

『統治二論』の第一論は、王権神授説を否定する目的で書かれた。王権神授説とは、すべての君主を聖書に書かれた人間の祖先アダムの正統な後継者とみなす説で、ロックはこれを、バカげた主張だと一蹴した。同時代の多くの人々と同じく、ロックも人はかつて自然状態にあったとみなしたが、その内容はホッブズの自然状態とは大きく異なっていた。「自由の状態であって放縦の状態ではなく」、自然法に支配されており、その自然法によって各人が他人の「生命、健康、自由および財産」を尊重しなくてはならないのが、ロックの考えた自然状態だった。

ロックは、政治が権利を守る義務を負っていることを証明したいと考えており、彼の唱えた自然状態は、そうした権利を説明することをめざしていた。よって自然状態は、人々が「自然法の範囲内で、みずからが適切と思う形で行動を決定したり財産および身体を処分したりできる完全な自由の状態」であり、また「権力と裁判権がすべて同等にあたえられている平等な状態」でもある。

繁栄のため、個々人は社会契約を結んで政府を樹立し、この政府に公共の利益のため法律を作る権力と権利をもたせる。このとき譲渡される権利は、裁判権と処罰権のみである。財産権と、思想・言論・信教の自由にかんする諸権利は、すべて個人が保持する。

ロックは、個人の自由を守るのに最適なのは混合政体、つまり、選挙で選ばれた議会と、行政権を行使する基本的に１名の人間つまり君主で構成される政体だと考えた。立法権と行政権は別の機関にもたせるのがよいと考えたわけだが、この考え方は、イギリスよりもアメリカに強い影響をあたえた。

生年
1632年、サマセット、イギリス

没年
1704年、エセックス、イギリス

ロックが近代思想にあたえた影響は、彼の理論がイギリスとアメリカ両国の政治制度に関係していることを思えば、とうてい過小評価できない。市民と政府のあいだで結ばれる「社会契約」を唱え、それをもとに個人の自由を守るべきだと訴えた。

シャルル・ド・モンテスキュー

Charles de Montesquieu

三権分立を提唱

主著『法の精神』を通じて、ラ・ブレードおよびモンテスキュー男爵シャルル・ルイ・ド・スゴンダ（通称シャルル・ド・モンテスキュー）は、フランス人権宣言とアメリカ合衆国憲法に基本的な着想をあたえ、ロシア女帝エカチェリーナ２世に影響をおよぼした。

モンテスキューは、1727年にアカデミー・フランセーズの会員に選ばれ、ヨーロッパ各国の視察に出発した。このときの見聞をもとに書かれたのが『法の精神』で、書き上げるのに15年を要し、ようやく1748年に出版されると大絶賛を浴びた。

彼は、政体を分類するにあたって従来のように権力がどこにあるかによって分けるのではなく、権力の使い方、つまり「人々を行動に駆りたてる基本原理」によって区別することにした。それによれば、共和制（これは、民主政治の場合もあれば、貴族政治の場合もある）は人々の徳（公共心）によって維持され、君主制は名誉によって維持され、専制政治は恐怖によって維持される。

イギリスでの見聞をもとにした個所では、ロックの権力分立説を発展させ、自由を守るには立法権と行政権だけでなく（法の支配を守るための）司法権も、それぞれ独立した機関にになわせるべきだとした。これは、モンテスキューがイギリス保守主義の説に感化されて、イギリスでの権力分立を非常に誇張して述べたものだが、その説は20年後にアメリカで熱烈に支持されることになった。

『法の精神』でもっとも独創的で、おそらく当時としては突飛だったと思われる個所は、外的要因が政治制度の発展にあたえる影響を論じた部分だろう（これにより、彼は史上初の社会学者になったといえる）。モンテスキューによると、原始社会には人々を圧迫する要因が数多くあるが、なかでも気候は強烈な力をもち、為政者はこれに対処しなくてはならないという。さらに、それ以外の宗教や法律などの「二次的原因」を、文明が広がるにつれ役割を増すものとしてあげている。とくに彼は宗教を社会的現象とみなし、最終的に国家を神から分離している。

『法の精神』は、当然ながら支配者層に批判され、ローマ教皇庁の禁書目録に掲載されたため、モンテスキューは反論として『法の精神の擁護』（1750年）を書いた。

モンテスキューの思想は広く流布した。なかでも、法律と習慣はいくつもの要因が複雑にからみあっているとする説明は、エドマンド・バークの目にとまり、バークはこれを使って革命を徹底的に非難した。

生年
1689年、ボルドー、フランス

没年
1755年、パリ、フランス

モンテスキューが当時のイギリスの政治制度に触発されて書いた統治論は、国家の組織を、行使する権力の特徴という観点から分析している。さらにモンテスキューは、ロックの権力分立説を拡張し、その思想は建国まもないアメリカ合衆国で積極的にとりいれられた。

ジャン＝ジャック・ルソー
Jean-Jacques Rousseau

社会契約説を大成

生年
1712年、ジュネーヴ、スイス

没年
1778年、エルムノンヴィル、フランス

理想主義哲学者のルソーは、「人は生まれながらにして自由だが、いたるところで鉄鎖につながれている」という革命的な考えで、政治理論に対する態度を一変させた。「自由、平等、友愛」と要約される彼の思想は、1789年にはじまるフランス革命のスローガンになった。

ジャン＝ジャック・ルソーの生涯は、彼の政治思想におとらず型破りだった。最初の大作『学問芸術論』（1750年）は、人は本質的に善人であるが社会と文明によって堕落したとする、彼の哲学の根幹を示したものだ。第二の論書である『人間不平等起源論』（1775年）では、不平等の起源は（たしかに個人間で生まれながらの違いはあるが）自然状態にはなく、社会へ向かう最初期の動きにあると主張した。それによると、当初こそ社会は「黄金期」を迎えるが、すぐに愛から嫉妬と対抗意識と優越感が生じる。さらに、必然的な結果として財産が生まれ、それを守るための法律と政府がそれに続くという。

1762年には『社会契約論』を書いて、社会の内部で自由をふたたび獲得する方法を説いた。有名な一節「人は生まれながらにして自由だが、いたるところで鉄鎖につながれている」ではじまる同書は、個人は社会環境によって形成されると主張する。もし社会において、私的利益を求める各個人の特殊意志すべてを、契約によってひとつにまとめ、道徳的な「一般意思」を形成することができれば、そうした社会には自由が存在するだろうとルソーは考えた。この一般意思とは、公共の利益をめざす意志で、特殊意志の総和である全体意志とは区別される。ルソーは各個人が豊かに暮らせる社会を作り出すことを願ったが、どうやら彼の思想は全体主義を擁護することになったようだ。

ホッブズ哲学と同じく、ルソーの場合も、人は社会の内部で市民的権利を手にする見返りとして、すべての権利をゆずり渡すと考える。『社会契約論』の言葉を借りれば、「自分の権利すべてに付随するものを、ひとつ残らず共同体全体に全面的に引き渡す」のだ。ルソーによると、公共の利益によってのみ動かされる社会は公正な法律を作ることができ、その法律の範囲内で人間は「自由であることを強制される」。なぜなら、一般意思に従うことは特殊意志に従うのと同じことだからである。このように個人の権利を完全に否定している点が、ルソーの思想でもっとも問題の多い部分のひとつであり、フランス革命期には都合よく利用されて恐怖政治をもたらした。

ルソーは、不平等は財産にかぎったものでなく、一般大衆は公正な社会で暮らせるほど賢明でないかもしれない点を認め、マキャヴェッリから、たとえば「霊感を受けた」というような多少の嘘は、うまく使えば相手を服従させるのに役立つという忠告をとりいれた。

ルソーは、人は生まれたときは純粋だが、その後に文明の影響で決定的な変化を受けると思っていた。腐敗と不平等の起源は確立した社会の出現にあると考え、自由は市民全員が人民の一般意思に従うことでしか獲得できないと訴えた。

エドマンド・バーク
保守主義を擁護

Edmund Burke

エドマンド・バークは、保守主義・立憲主義の代弁者として世の急進的な動きに立ち向かい、その著書『フランス革命の省察』は、のちにトマス・ペインが反論『人間の権利』を書くきっかけになった。

バークは、ダブリンで事務弁護士の息子として生まれた。法律を学ぶためロンドンへ出たが、啓蒙思想時代のロンドンの楽しさに魅かれて法学を放棄。1765年からは、ホイッグ党の政治活動にかかわるようになった。

18世紀の大半を通じて、国王と議会は権限の範囲をめぐって争っていた。バークは自著『現代の不満の原因』(1770年)で、議会側を擁護した。そのなかで彼は、かつて「政党」という言葉は蔑称であったが、その政党は、いまや自由を保証し、国民と行政をつなぐ架け橋の役割をになうことができると主張した。

バークは、変化は不可避であり、ときには望ましい場合さえあることは認めていたが、変化はあくまで当面の必要性をふまえてゆるやかに進むべきものであり、個人の権利といった抽象的な概念をもとに進めるべきではないと主張した。変化が、既存の秩序に反対してまで道徳的理想を追い求め、それによって激しい反発をまねく危険をおかすようなものであってはならないというのだ。自由と平等という抽象的な理想を彼はしりぞけ、それに代わる穏健な目標として、共同体全体が恵まれた生活を送るのに必要な要素すべてを同時に満たせるよう努力するのがよいと述べた。

フランス革命には、当然ながら強く反対した。1790年に書いた『フランス革命の省察』で、彼は「人間の権利」というスローガンにふくまれる人民主権という抽象概念に反対した。革命で伝統と価値観が完全に打倒されたことに衝撃を受け、イギリスが立憲君主制へと有機的に進化したことを模範として支持した。

バークは、母国アイルランドの現状にも強い関心をいだいていて、自立性の拡大を訴え、とりわけアイルランドを規制している経済的・宗教的制限を撤廃するよう求めた。しかし、彼の政治活動の大半を占めることになるのはインド統治の腐敗問題だった。彼はインドを、国王と東インド会社の双方を排した独立委員会が統治すべきだと考えた。

バークは、社会のように非常に複雑な組織を根本から変える力は人間にはないと思っていた。『フランス革命の省察』には、次のような一節がある。「わたしたちは、人々が各自の所有する理性を元手に日々の生活を営むようにするのは、いかがなものかと思っています。なぜなら、各人がもつこの元手は小さいため、各個人は、どの民族やどの時代にも通じる銀行や資本を利用する方がよいのではないかと思うからです」

生年
1729年、ダブリン、アイルランド

没年
1797年、バッキンガムシャー、イギリス

バークは、当時の急進的な思想家とは対照的に、保守主義の価値観を支持し、自由主義者の扇動的で抽象的な理想に不信感をいだいていた。政治的・社会的変化は必要だと思っていたが、伝統的価値観と政治体制への敬意とによって抑制されながら進む、ゆるやかで着実な改革が望ましいと考えていた。

トマス・ペイン
アメリカの独立を正当化

Thomas Paine

独創的な思想家というより政治プロパガンダの名手であったペインは、小冊子「コモン・センス」を書いてアメリカ独立革命の進展で重要な役割をにない、『人間の権利』を通じてアメリカ合衆国憲法の成立にも深くかかわった。

トマス・ペインは13歳で学業を終えて収税吏になったが、賃上げと不正撲滅を訴えて上司の反感をかうと、ベンジャミン・フランクリンの忠告を受けてアメリカで一旗揚げようと決心し、1774年アメリカにやってきた。最初に書いた小冊子「コモン・センス」は、1776年1月に出版された。当時、アメリカ植民地とイギリス本国との対立は最高潮に達しており、ペインがアメリカの立場を力強く正当化したことが、独立宣言署名への道を開くことになった。

1789年、ペインはイギリスを訪れ、出版されたばかりのエドマンド・バークによるフランス革命批判を読んだ。それに対する反論としてペインが書いた『人間の権利』(1971年)は、個人の自由を高らかに宣言する急進的な内容だった。そのためイギリスでは罪人として指名手配されたが、フランスでは英雄扱いされ、フランス語は一言もわからないのに、たちまち国民公会の議員に選出された。

18世紀急進派の例にもれず、ペインも個人の権利は自然状態に起源をもち、自然状態で個人は自由を享受していたが、他者の権利を守るため自由を譲渡したと考えていた。すべての政府は、もっぱら自由と財産と安全と独立を守るために存在するのであって、その目的に反する行為に抵抗するのは正当なことだとみなしていた。

このペインの影響を色濃く反映しているのが、アメリカ独立宣言の冒頭にある次の文章だ。「わたしたちは、以下の真理を自明のものと考える。すなわち、すべての人は平等に作られていて、その創造主により一定のゆずるべからざる権利をあたえられており、その権利には生命、自由および幸福の追求がふくまれていることを」

ペインは、人民主権によって貧困と戦争ならびに失業と非識字を撲滅できることを示そうとして、政府は教育と公共事業および累進課税の分野で役割を果たすべきだと提唱したが、その範囲は200年後の現代のアメリカ人が考える以上に大きかった。しかし、生前に彼の世評が暴落したのは、大きな政府をめざしたからではなく、既存の宗教を拒絶し、そのことが無神論だと広く誤解されたためだった。そのため死亡記事には、「長く生きて、いくばくかの善行と数々の害悪をなした」と記された。

生年
1737年、ノーフォーク、イギリス

没年
1809年、ニューヨーク州ニューヨーク、アメリカ

ペインはアメリカへ渡ると、アメリカ独立を支持し、小冊子「コモン・センス」を書いて独立運動を推進し、独立宣言の基本的な考え方に大きな影響をあたえた。ペインは、先人たちと同様、個人にはゆずるべからざる権利があり、政府はそうした権利を守るためだけに存在すると強硬に主張した。

アンリ・ド・サン＝シモン
Henri de Saint-Simon

社会主義の誕生を予見

社会主義の始祖とよばれることもあるサン＝シモンは、科学には物質世界だけでなく政治の世界も変える潜在能力があると信じ、社会は公共の利益のために管理される計画経済へと穏やかに進化できると主張した。

生年
1760年、パリ、フランス

没年
1825年、パリ、フランス

アンリ・ド・サン＝シモンは、フランスでの革命からいち早く教訓を導き出そうとした人物のひとりだ。彼は歴史哲学を構築して、社会が中世から近代へ進化した原因を解明しようと試み、その思想はのちにカール・マルクスへ受け継がれた。

サン＝シモンは、経済発展が社会組織にあたえる影響を明らかにした。それによると、産業が成長し、産業界の指導者たちが協調的な態度をとって抑圧的にならず、科学と科学的懐疑論が広まったことで、教会と国家の力が低下したのだという。フランス革命という暴力的な事件が起きたのは、国王が新たな産業階級ではなく貴族を支持するという過ちを犯したからだ。しかし、産業階級には役割をになう準備が完全には整っておらず、そのため王政を復古させなくてはならなかった。

こうして、革命で表舞台に躍り出た法律家や商人たちの支配する時代が到来したが、この時代は公平な社会へ向かう過渡期にすぎず、抑圧することを主たる役割とする国家は、いずれ不必要になる。そのとき統治の代わりに行なわれるのが管理だ。「秩序を維持するには、公共の利益にかかわることを管理するだけで十分」だからである。管理者は、科学者が専門家であるのと同じように専門家でなくてはならず、専門分野として資源の管理を担当する。サン＝シモンは、一般大衆は適切な教育を受けていないのだから、科学を理解できない以上、管理方法も理解できるはずがないとみなしていた。

サン＝シモンは、宗教は社会の目標を示したり世界のありようを説明したりするのに必要だと考えていたが、生涯の大半はキリスト教を認めず科学を支持していた。しかし、亡くなる年に、もっとも大きな影響力を残すことになる著書『新キリスト教』を出版した。キリスト教は道徳的価値体系として、「最貧困階級の状況を可能なかぎり早急に改善するという偉大な目的に向けて共同体を導く」というなによりも重要な目標を提示できると、彼は思っていたのである。この考えは、彼の弟子たちによりサン＝シモン主義の教義として採用され、死後にヨーロッパ全土へ広まっていった。

混乱と流血に満ちたフランス革命の後、**サン=シモン**は、社会の進化と、経済的要因が社会の発展にあたえる影響を集中的に研究した。その結果、権力は国家から産業階級へ移ると考え、その発想はのちに社会主義や共産主義の指導者たちから支持された。

オーギュスト・コント
社会学を創始

Auguste Comte

生年
1798年、モンペリエ、フランス

没年
1857年、パリ、フランス

かつてサン＝シモンに学んだコントは、人類が幸福を獲得できるための法則を見つけようとして実証主義哲学を創始した。彼は、この社会を対象とする新たな学問を「社会学」と命名した。

オーギュスト・コントは、両親が奉じていたカトリック信仰とブルボン王朝支持を拒絶し、それに代わって、人類社会の歴史を科学的に説明することをめざした。

コントは、知識の発達は三つの段階からなると主張した。それによると、知識の基礎は、神学的段階から形而上学的段階（抽象的な思索によって世界を説明する段階）をへて「実証的」段階へ進むという。この最後の実証的段階では、知識は経験的な観察にもとづいており、人間が理解し経験できる範囲だけに限定される。

人類の知識の量が増えればそれだけ人類の不幸の総量は減ると信じていたコントは、組織体系をなにより重視する人だった。彼は諸科学を分類するにあたり、学問は数学と天文学から出発して、物理学、化学、生物学へと発展したととらえ、そこからさらにみずから考案した社会の科学、つまり「社会学」へと進歩すると考えた。この社会学は、200年前に自然哲学者が物質世界を支配する法則を調べはじめたのと同じように、社会を支配する法則をつきとめるものとされた。さらにコントは、「こうして実証されたのちに、普遍的秩序ともっともよく調和し、それゆえに、通常は個人の幸福に資することになる一般的または具体的行動規則が明らかになるだろう」と予言した。

彼は、社会学には２種類あると考えた。ひとつは、社会を結合させる力を研究する学であり、もうひとつは、変化を生み出す原動力を研究する学だ。個人は変化の原動力に、国家や政府は結合力になる傾向がある。コントの思想の多くは、まとまりに欠けるサン＝シモンの業績を分類・体系化したものだ。両名とも、キリスト教の教義ではなく教会組織に社会の道徳的組織化のモデルを見ていたが、コントは、社会学者こそ「人類の社交性の哲学的基礎」をつかさどる新たな司祭であると考えた。

コントの政治思想の大半は、穏健で保守的なものだ。民主主義に反対し、階級制度とエリート支配を支持していた。それでも、社会学にかんする彼の考えは、フランスのエミール・デュルケームやイギリスのハーバート・スペンサーなど、後世の人々に影響をあたえた。

コントは、これまで社会で起きてきた数々の不幸の原因を解明するとともに、新たに生まれつつある産業社会が提示している諸問題に答えるため、科学に目を向け、それによって新たな学問、社会学を創始した。その信念は、知識を人間の知性と幸福に欠かせないものとして非常に重視するものだった。

ジョン・ロールズ
平等主義的な政治を概念化

John Rawls

生年
1921年、メリーランド州ボルティモア、アメリカ

没年
2002年、マサチューセッツ州レキシントン、アメリカ

20世紀を代表する政治哲学者であるジョン・ロールズは、自由な国家が最優先すべき義務は、個人の市民的自由を守り、正しさが善さに優先するようにすることだと主張した。彼のもっとも重要な著作が、『正義論』(1971年)である。

ロールズは、功利主義に反対した。功利主義では、多数派に対して少数派の権利が保障されないからである。それに代わってロールズは、社会契約説を現代風にあらためた。まず、かりに集団の各構成員が自分の個人的背景(階級、人種、性別など)を無視したとすると、その場合、人間がもつ理性と個人的利益の追求から次の2原理が導き出される。第一に、各人は、ほかの人の自由と両立できる範囲で自由をもつべきである。第二に、社会的・経済的不平等は、もっとも不遇な人の利益が最大になるものでなくてはならず、かつ、機会均等の制度が普及していなくてはならない。これならば、集団で個人的背景を無視するという仮定をとりはらったとき、たとえ成員が自分は不遇だと思ったとしても、これは公正だと考えて現状を受け入れることができる。

ロールズがロックら18世紀の社会契約論者と違っているのは、個人の自由に思想・良心・結社の自由など、よく知られた権利はすべてふくめているが、財産権だけは個人の自由から除外しているという点だ。実際、財産権はこうした自由にふくめることはできない。なぜなら、いかなる権利も、たとえ公共の福祉や平等のためであっても侵害してはならないが、ロールズの第2の原理である「格差原理」により、もっとも恵まれない者に利益をあたえるため富を再分配しなくてはならないことがあるからだ。

ロールズは、ソヴィエト流の共産主義は基本的自由を否定しているとして反対する一方、自由放任の資本主義も、富の分配が不公平であり、そのため機会の不平等をまねいているとして、やはり反対していた。彼は、「一部の人の自由を奪うこと」を「より大きな善がそれ以外の人々によって共有されることで正当化」することは決してできないと主張した。

『正義論』の出版から20年後、ロールズは同書の議論を修正し、自分の思想を、哲学色を薄め、範囲を政治的自由主義の擁護にしぼって提示した。その説は、互恵性と尊重と公正を基礎としており、神や道徳といった概念に依存するものではなかった。

1980年代から1990年代には、厚生資本主義の方向性と収入格差の拡大に失望し、最後の著書『公正としての正義再説』(2001年)からは、ロールズが、みずからの唱える平等主義的自由主義をめざせるのは、財産所有制民主主義か市場社会主義という、平等が広く維持される2種類の政治制度しかないと考えていたことがうかがえる。

ロールズは、アメリカが大きく変化した時代を生きた。その理論は、共産主義と野放しの資本主義両方の拘束に反対し、それに代わって、平等な自由と機会均等が最重視され、なによりも公正さが優先される国家を築くことが大切だと考えた。

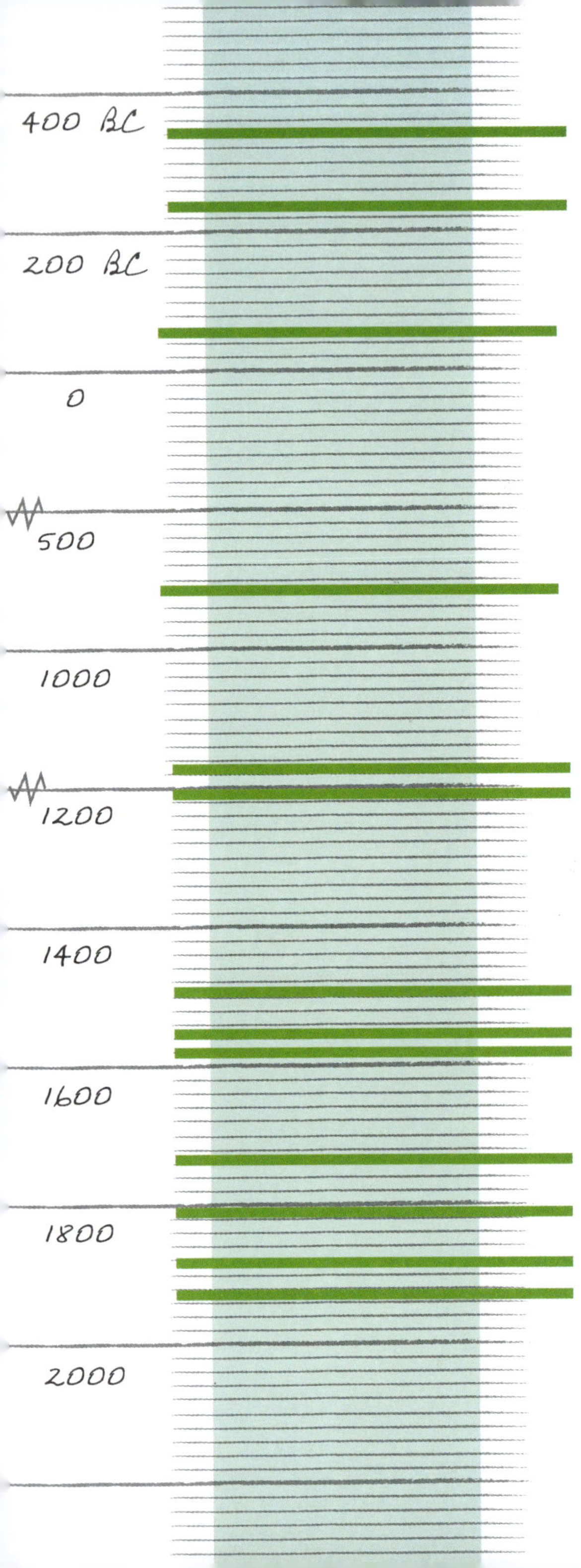

アレクサンドロス大王、王位をフィリッポス２世から継承（前336年）

秦の始皇帝、中国を統一（前221年）

ユリウス・カエサル、ポンペイウスおよびクラッススと政治同盟（前60年）

カール大帝、フランク国王に即位（768年）

サラディン、エジプトのスルタンに即位（1171年）

チンギス・ハン、モンゴル高原を統一（1206年）

フェルナンドとイサベル、結婚（1469年）

アクバル大帝、ムガル皇帝に即位（1556年）

エリザベス１世、イングランド女王に即位（1558年）

エカチェリーナ２世、ロシア女帝として皇位継承（1762年）

ナポレオン・ボナパルト、フランス皇帝に即位（1804年）

オットー・フォン・ビスマルク、プロイセン首相に就任（1862年）

アドルフ・ヒトラー、国家社会主義ドイツ労働者党の党首に就任（1921年）

第2章
帝国を建設し、征服し、支配した者たち

いつの時代にも、権力に魅せられて、統治権の継承や国民からの選挙によって支配者となり、その国を根本から作り変えた者たちがいる。なかにはチンギス・ハンのように広大な地域を征圧した君主もいるが、重要な知識を広めたり、今なお知られている政治制度を打ち立てたりした者もいた。

全体主義

全体主義体制では、国家が人々の公的生活と私的生活のあらゆる側面を管理し、しかもその管理は恣意的で、激しい弾圧をともなうことも多い。元首の地位には独裁者がつき、個人崇拝とメディア支配をとおして権力を強化する。

全体主義は、一般に20世紀の現象だと理解されており、情報公開と教養ある有権者を前提とする自由民主主義が成立するのに不可欠な諸特徴そのものの、特異な変種とみなされている。

全体主義は、国内でマス・コミュニケーションが発達し、大衆の識字率が向上すると生まれやすくなる。このふたつが道具となって、ジョージ・オーウェルの小説『1984年』（1948年）で描かれているような、管理とプロパガンダが各家庭にいきわたった世界が生まれるのである。西洋ではヒトラーとスターリンが、東洋では毛沢東とポル・ポトが、自国民を何百万も死に追いやって、こうした体制がいかに冷酷無残であるかを如実に示した。

「全体主義」という言葉そのものは、1920年代初頭にムッソリーニとそのゴーストライターで哲学者のジョヴァンニ・ジェンティーレが、国家が近代的なコミュニケーション手段を通じて国民におよぼすことができそうな支配力を表現するのに使いはじめたものである。

全体主義体制は、たんなる独裁政治とは程度も違うが、多元主義に対する態度もまったく異なる。独裁政治では、多元主義の名残が独裁者の行動を抑える役割をになうことが多い。しかし全体主義体制では、既存の組織・制度すべてを（ときには一度ならず何度も）破壊し、教会や労働組合など破壊できなかったものは自分の御用機関にするのが常である。

全体主義に特有の武器が恐怖だ。この恐怖は、法制度が曖昧で十分に公開されていないために起こり、そのせいで国民は、いつ果てるともしれぬ不安のなかで生きなくてはならない。しかもその不安は、公開裁判で誤認逮捕のおそろしい結末を見せつけられることで、いっそう強まる。

ドイツ系アメリカ人の哲学者ハンナ・アーレントは、主著『全体主義の起源』（1951年）で、恐怖は個人の自発性を押しつぶすと

「全体主義国家の大きな強みは、国家をおそれる者に国家の模倣を強制できることである」

アドルフ・ヒトラー

述べている。彼女は、全体主義は世界の諸問題を、ファシストなら人種、共産主義者なら階級というように、単一の問題や敵に還元することで成り立っていると指摘した。

その初版には、次のように書かれている。「全体主義体制がもつ気がかりな今日的意味とは、わたしたちが現代のほんとうの諸問題に取り組もうとするとき、全体主義が今世紀の災いとなったのはそうした問題にかくもおそろしい形で対処したからにほかならないとの認識なくしては、その問題を解決することはおろか理解することさえできないという点にある」

モンテスキューは、政治制度にとって重要なのは、その目的に最適な法制度を見つけることだと論じたが、全体主義の目的は、ほかの政治制度と違い、国民を制度に合わせることにある。ジャン＝ジャック・ルソーへの批判として、「人々を強制的に自由にする」という考えに全体主義体制を正当化する思想があるとの意見がある。たしかに文脈を無視すればそのように解釈できないこともないが、ルソーの真意がそこになかったのは確かである。

全体主義の復活を許さないことが、第２次世界大戦の終結以降、西側世界の外交政策の主要な関心事になっている。手遅れになる前に独裁者をくいとめなくてはならないとの主張は、エジプトのナセル大統領が標的となった1956年のスエズ動乱から、サダム・フセインを狙った2003年のイラク戦争まで、武力攻撃を正当化する根拠として利用されてきた（ただし、1970年代カンボジアのポル・ポトに対しては、こうした主張は起こらなかった。ポル・ポトが共産主義国家であるベトナムと対立していたため、西側は大虐殺に目をつぶったのである）。

一部の専門家は、イスラーム教過激派をファシストの萌芽とみなし、全体主義に発展する可能性があると警告している。しかし、彼らが全体主義へ向かうためにはコーラン（クルアーン）の教えとイスラーム法を破らなくてはならず、そうしたことをみずから進んで行なうイスラーム教徒など、おそらくひとりもいないだろう。

アレクサンドロス大王
大帝国を建設

Alexandros

生年
前356年、ペラ、マケドニア王国（現ギリシア）

没年
前323年、バビロン（現イラク）

征服欲と知的好奇心を原動力に、アレクサンドロス大王は西洋で初の帝国を建設し、ヘレニズム世界の基礎を築いた。この基礎の上にローマ帝国や、その後のキリスト教世界が作られることになる。

アレクサンドロス大王は、前336年にマケドニアの王位を父王フィリッポス２世から受け継いだ。その後13年間で、当時最強の超大国だったペルシア帝国を滅ぼし、エジプトからインドにまたがる領域を征服した。

アレクサンドロスの足跡からは、彼がたんに、古代の交易ルートの要衝を占める諸都市を場あたり的に攻略したのでもなければ、難敵に復讐して屈辱をあたえようとしたのでさえなく、それよりはるかに大きな目的をいだいていたことがわかる。亡くなったとき、彼は地中海沿岸全域を支配すべく新たな遠征を計画中であった。

アレクサンドロスは、西洋世界に君主制を導入した。王が唯一の権力源となり、ギリシアの都市国家の伝統に反して、王だけが権力ピラミッドの頂点に立つことになった。その後継者たちも、アレクサンドロスと同じく、すぐれた軍事的指導力を求められた。戦争は、重要で非常に本格的な活動となり、８万もの兵力を動員することさえめずらしくなくなった。アレクサンドロスは臣下たちに絶対服従を徹底して求め、それは後継者にも模倣された。また征服の途中、支配の拠点として新たな都市をいくつも作った。こうした都市は、ギリシア風に設計され、１名の総督が、他の追随を許さない文化的・経済的覇権を拡大させながら統治した。言い伝えによると、アレクサンドロスは、東は中央アジアのソグディアナやアフガニスタンのカンダハルから、西はエジプトにいたるまで、各地に自分の名を冠した都市アレクサンドリアを70も建設し、各都市には体育場、神殿、祝祭場、劇場など、ギリシア支配を拡大・維持するための施設を整備したという。一部には、たとえばエジプトのように既存の文化的伝統が存続した地域もあったが、アレクサンドロスの後継者たちが統治に利用した官僚機構の内部では、出世するにはかならずギリシア文化を身につけなくてはならなかった。

アレクサンドロスは、遠征事業に熱中していただけでなく、ナイル川が氾濫を起こす原因究明や、博物学的知識の整理、新たに獲得した領地の地図作製などにも関心をもっていた。ギリシア人入植者は、西洋の学問を東洋へ広めるとともに、東洋思想が西洋に伝わる道を開いた。エジプトは、アレクサンドロスの後継者プトレマイオスの時代に学問研究の最盛期を迎えた。いたるところで、ギリシア語が立身出世に不可欠な言葉になった。アレクサンドロスの帝国は短命に終わったが、彼の文化的遺産は今なお名残をとどめている。

生涯を通じて**アレクサンドロス**は、ヨーロッパからアジアにかけて敵対勢力を徹底的に打ち倒し、君主制による史上初の軍事帝国を建設した。この帝国では、1名の支配者が統治し、経済規制だけでなくギリシアの文化的価値観も押しつけた。またアレクサンドロスは、東西間で最初の文化・学問の交流ルートを開いた。

秦の始皇帝
中国を圧制で支配

Qin Shi Huangdi

「チャイナ」の語源ともなった秦（中国語の発音は「チン」）は、前４世紀から周辺諸国を盛んに攻略しはじめ、約100年後の前221年、秦王政の時代に中国を統一。秦王政は、秦の始皇帝と名のった。

秦が中国を統一できたのは、高度な中央集権体制を確立していたからだった。一律に適用される厳格な法体系を作り、それを当初は本国内で広め、やがて占領地域全体へと広げていったのである。

文化の統一もおしすすめられ、文字と度量衡が統一された。封建的な特権は廃止され、道路網が整備され、反政府思想を禁止するため実用書以外の書物はすべて燃やされた。

この強力だが短命に終わった王朝が残した最大の建造物が、万里の長城だと2000年にわたって考えられていた。実際はこれは、既存の城壁をつないで作った城塞と烽火台からなる防衛ラインで、のちの時代も拡張が続けられ、現在は渤海沿岸から内モンゴルを通って黄河上流を横切り、甘粛省にまで通じている。始皇帝は死を極端におそれており、広大な陵墓も造営して、その内部には兵士をかたどった実物大の俑《よう》（素焼きの像）を6000体も設置し、地下宮殿の中核である霊廟を守らせた。なお、この兵馬俑は1974年にはじめて発見された。

始皇帝の土木事業は、数万の強制労働者を徴発し（しかも、その多くは現場へ向かう途中で命を落とし）、重税を課して進められたため、社会不安をまねいた。その帝国は、死後わずか４年しか続かなかった。始皇帝は統治理論に関心があり、法家の第一人者である韓非の著作を読んで高く評価したといわれている。韓非は、歴史的な状況によって必要な統治形態は変わると主張して、儒家の理想としていた過去との決別を正当化した。そもそも政治制度は、行動形態が異なればそれを反映して異なったものとなるのが当然であり、人間の行動は外的状況に応じて変化するというのである。

当時は（おそらく皇帝の税制のせいで）貧困の時代だったため、人々のあいだで争いがたえず、秩序を強制できる王が必要とされていた。王は、人々を善人にしようとする必要はなく、悪事をなさないようにすれば、それでよい。人々はあまりに利己的かつ幼稚で、ほんとうに自分の利益となるのは何なのかを理解できないため、王が人心を掌握しようとしてもむだだというのが、韓非の考え方だった。

生年
前259年、邯鄲《かんたん》、中国

没年
前210年、沙丘（河北省）、中国

始皇帝が築いた秦帝国では、厳しい法律と規制が生活のありとあらゆる場面で強制された。過酷な税負担と大規模な土木事業により人々のあいだで不満が起こると、始皇帝はいっそう容赦なく服従を求めた。

ユリウス・カエサル
ローマ帝国の基礎を築く
Julius Caesar

生年
前100年、ローマ、イタリア

没年
前44年、ローマ、イタリア

ユリウス・カエサルの軍事的・政治的業績は、その後500年続いた帝国の基礎を築いたことにある。彼は天才的な指導者であり、政治家にしてローマ最初の歴史家のひとりであり、そしてなにより、共和政ローマの破壊者だった。

カエサルが軍人としてキャリアを積んだ背後には、政治的野心を実現するのに必要な資金と地位を手にするという一貫した目的があった。彼は、ギリシア・ローマ世界を再編・再建して、国家の安定と繁栄を確かなものにしたいと考えていたのである。

ポンペイウスと手を組んだカエサルは、前58年、ガリアの総督になった。ガリア戦役で勝利をおさめた結果、ローマで政治的野心を実現させるのに必要な影響力を獲得し、ポンペイウスとの同盟を強化できるようになったが、そのポンペイウスは、カエサル不在のあいだに勢力を増してきていた。前49年1月、ポンペイウスはイタリアに駐留する全軍団の指揮権を手にした。カエサルは、元老院からの武装解除命令に従うのを拒否し、属州ガリアと本国イタリアとの境界であるルビコン川を渡り、内戦をひき起こした。この内戦でカエサルは軍人としての忍耐力と指導力をいかんなく発揮し、ついにポンペイウスを死に追いやり、スペインのポンペイウス派を打ち破り、アナトリア（現トルコ）とエジプトの一部を征服した。エジプトでは、同地の女王クレオパトラのとりこになった。

おそらくポンペイウスによる独裁政治からローマを救うためだろう、カエサルは、それまで政敵たちから私利私欲のため求めていると非難されてきた独裁的権力を手にせざるをえなくなった。独裁権をふるった数か月のあいだに実施した政策からは、規律正しい公正な統治を回復しようとの決意が読みとれる。彼の関心は、あらゆる分野での合理化にあった。暦法をあらため、法律を整備し、度量衡を整えた。ローマの植民市統治に基準を設け、カルタゴやコリントスなどローマに屈した都市の権利を回復し、退役兵や、ローマで急増していた最下層市民に追加手当として土地をあたえた。敗者となったかつての敵には寛大で（ただし、ヨーロッパ北部の「蛮族」には情け容赦なく対処した）、市民権の範囲を、ローマの植民市に移り住んだ外国人の多くにまで拡大した。首都ローマでは、テヴェレ川の運河化など実用的な事業を計画し、市内中心部への車の乗り入れを禁止した。

カエサルは膨大な量の文書を書いて、自分を宣伝したり自分の主張を正当化したりするのに利用した。彼は、強力な統治システムを作り出して、その後に登場する帝国を建設・維持するのを助け、それによってみずからの名を2000年後の今日まで西洋思想にとどめた。

カエサルは、将軍から執政官をへて帝国の指導者へと登りつめるなかで、みずからの版図《はんと》を綿密に組織化して、西洋世界の覇権国家としてローマの安定を確固たるものにしようとした。権力の座につくまでは抗争の連続だったが、カエサルは誠実で筋の通った戦略を実行し、ローマに恒久的な強い政府を作り出した。

カール大帝
キリスト教帝国を築く

Charlemagne

生年
747年頃、フランク王国

没年
814年、アーヘン、ドイツ

カール大帝（シャルルマーニュ）が建てた帝国は、スペイン北部からドナウ川上流域までを占め、南から攻めよせるイスラーム教徒や北に住む「蛮族」からの脅威に対し、それを撃退するだけの力をもったキリスト教世界を作る基礎を築いた。カール大帝の帝国は名ばかりとはいえ1000年以上続き、以来、帝国復興という発想は、民主主義者にも独裁者にもインスピレーションをあたえてきた。

伝統的にフランク王国歴代の王たちは、権力の維持を軍事力に頼っており、カール大帝も例外でなかった。しかしカールの戦争には、打撃をあたえて威圧するためだけでなく、キリスト教を押し広めるという目的もあった。たとえばザクセン人をようやく服属させたときは、剣でおどして集団改宗させた。同じことは、フリジア人やドナウ川東方のスラヴ人を征服したときも行なわれた。

これほど広大な王国を築いた次に問題となるのは、支配下に入った習慣も言語も異なる諸民族に対して権力をいかに維持していくかだ。その方法のひとつとして、カールは何人もの自由人に、新たに征服した領地で封土をあたえ、彼らを毎年会議に召集して不平不満を聞くとともに忠誠を誓わせた。その一方で、父祖から受け継いだ萌芽的な官僚機構を継続的に拡大・強化させていった。

カールは、宗教的な権威を世俗権力の道具として利用した。王とその家臣は、聖職者の道徳観・倫理観と教会財産を守る守護者となり、司教や大修道院長の叙任権をにぎった。

なかでもとくに重要なのは、カールが文化「復興」も進めたことだろう。彼は、キリスト教の教えと、再発見されたギリシア・ローマ時代の作品とを広めようと努め、その成果は彼が各地に作った教会や図書館の建築に今も見てとることができる。

800年、カールはローマへおもむいた。当時ローマでは、教皇レオ３世の素行が原因で反乱が起きていた。レオは無実の誓いを立てて窮地を救われ、カールにローマ皇帝の冠を授けて、王としての権威に神の力をくわえる見返りに、教皇を守る義務を課した。

813年、カール大帝はひとりだけ生き残っていた息子ルートヴィヒ（ルイ）１世（敬虔帝）に皇帝位をゆずった。しかし、ルートヴィヒの治世中に、教会権力に対する世俗権力の優位は逆転した。内戦がはじまり、やがて1157年、すでにドイツ人だけになっていたこの国は、神聖ローマ帝国になった。

カール大帝の広大な王国は、さまざまな文化や民族をふくんでいた。こうした状況で人々を服従させるため、カールは中央集権と委任統治を組みあわせた制度をはじめたが、もっとも有効な道具は、教会の権威だった。

サラディン
イスラーム教信仰を広める

Saladin

サラディンは、エルサレムとアラブ世界の多くを十字軍諸王国から奪回し、それを足がかりにして100年ほど続くアイユーブ朝を開いた。敬虔なイスラーム教徒で、熱烈にジハード（聖戦）を唱え、言い伝えによれば戦いでは武勇にすぐれ、勝利すれば慈悲深く、民衆には寛大だったという。

サラディンことサラーフ・アッディーン・ユースフ・イブン・アイユーブは、クルド人で、若いころ父親につれられて現在のシリアにあるアレッポへ移り住んだ。アレッポの西隣には、アラブ世界の地中海沿岸に建てられた十字軍諸国があってたえず紛争をくりひろげており、青年サラディンは、キリスト教徒と戦いながら戦の腕を磨いていった。

1171年、サラディンはみずからエジプトのスルタンになると、まずは抜け目なくエジプト人の大半から支持を集めることに努め、スンナ派の宗旨を復活させてシーア派の常備軍を無力化した。それまでエジプトには200年にわたって強力な支配者がおらず、サラディンはこの国に安定と経済的繁栄をとりもどそうとしはじめた。

1174年にシリア王ヌール・アッディーンが亡くなると、サラディンはダマスカスへ進軍した。ダマスカスでは歓迎を受けたが、その直後、アレッポ攻囲が難航するなか、シリアに勢力をもっていたアサシン派の指導者にあやうく殺されそうになった。

キリスト教徒との戦いは、断続的に行なわれた。サラディンの第１の目的は、現在のイラク北部からパレスティナをへてエジプトにいたるイスラーム教圏を守ることだった。

1187年、パレスティナ北部のヒッティーンで、サラディンは第２回十字軍に圧勝した。その後、キリスト教徒の捕虜を何人も斬首にした。ティールの奪取には失敗したが、彼の軍隊は地中海沿岸の諸都市を次々と攻略し、３か月後には、十字軍の手に落ちて以来88年ぶりにエルサレムを奪回した。このエルサレム解放をきっかけに第３回十字軍が起こり、総大将のイングランド王リチャード１世（獅子心王）とサラディンは激しく戦ったが、やがてふたりは互いに相手へ深い敬意をいだくようになった。サラディンの立派な行為として、リチャード１世の馬が殺されると自分の馬を２頭送ったことや、リチャードが病に倒れると、見舞いとして果物を送り、治療のため自分の侍医を派遣したことなどが記録に残っている。

かつてのカール大帝と同じく、サラディンも自分の政治権力を強化するために宗教の象徴的力を利用できたが、カール大帝とは異なり、サラディンはその権力を宗教のために使った。彼が十字軍と戦ったのは、イスラーム教の教えと実践を広めるためだったようだ。彼が通った地域には、モスクと学校のほか、ジハードを説く新たな書物がかならず残された。

生年
1137/1138年、ティクリート、現イラク

没年
1193年、ダマスカス、現シリア

サラディンは、西洋から攻めよせるキリスト教十字軍の大軍に対し、イスラーム教世界を統一して防衛できるようにすることで権力の座についた。公平かつ寛大な指導者であり、その行動はすべて敬虔な信仰に裏づけられており、イスラーム教の布教をおしすすめ、宗教教育の普及をうながした。

チンギス・ハン
史上最大の帝国を築く
Chinggis Khan

生年
1162年頃、モンゴル

没年
1227年、没地不明

モンゴルの遊牧民出身であるチンギス・ハンは、広大な帝国を建設し、その版図は最大で太平洋からアドリア海にまでおよんだ。地つづきの帝国としては史上最大であり、その影響は各地の政治に今なお感じとることができる。

彼は幼名をテムジンといい、そのカリスマで多くの人を引きつけたという。有力な同盟者とともに２万人の軍勢を率いるリーダーとして登場すると、ほかの部族長を殺して部族民を自分の軍勢に組みこみながら、モンゴル諸部族をしだいに統一していった。1206年には、同盟や血縁を無視して情け容赦なく目標につき進んだ結果、「全世界の支配者」を意味する「チンギス・ハン」を名のるようになった。

足もとを固めると、チンギス・ハンは新国家と境を接する諸民族の征服準備にとりかかった。国そのものが、軍勢を供給・維持できるよう組織されて戦争の道具になった。当初モンゴル軍は、小型で頑強なモンゴル馬に乗った騎兵で構成されていた。しかし、文明度の高い敵と接触するようになると、チンギス・ハンはただちにもっと高度な攻城兵器を開発した。

彼は読み書きができるようになったらしい。モンゴル語がはじめて文字に記されたのが、ちょうどこの時期だからだ。だが、もしかすると、読み書き能力の活用法に気づき、ブレーンたちから略奪に代わる収入源を教えられただけかもしれない。やがて占領地域で農業・商業・工業への課税がはじまった。

1215年、チンギス・ハンは４年越しの遠征のすえに現在の北京を攻略すると、西南へ向かい、現在のイランにあったホラズム朝を滅ぼした。以後100年にわたり、彼の帝国は拡張と統合を続けた。最終的には中国全土を併合し、東ヨーロッパでは、いわゆるキプチャク・ハン国のもたらした脅威が、ロシアの政治的発展に影響をあたえた。

チンギス・ハンが前代未聞の業績を残すことができたのは、その軍事的才能と組織力にくわえ、恐怖を徹底的に利用したからであり、どの都市も恐怖におびえ、戦うよりも降伏する方を選んだ。モンゴル軍は、伝書鳩の活用などすぐれた情報伝達手段を開発したことでも知られ、それによって中央から帝国全土をまとめることができた。

チンギス・ハンは、現代モンゴルで最大の英雄になった。ソ連の影響下にあった時代は抵抗を体現する人物とされ、今では民族再生の象徴になっている。

チンギス・ハンは、悪名を残すほど強引にモンゴル諸部族を統合し、それによってはじめて「チンギス・ハン」の尊称を得た。その後、大軍を集めると、容赦ない攻撃で無数の地域を占領し、町や都市とその住民を略奪・課税して、中央集権型の超大国を作り上げた。

フェルナンドとイサベル

Fernando e Isabel

宗教による支配を強化

生年
フェルナンド
1452年、アラゴン王国（現スペイン）
イサベル
1451年、カスティーリャ王国（現スペイン）

没年
フェルナンド
1516年、マドリガレホ、スペイン
イサベル
1504年、メディナ・デル・カンポ、スペイン

アラゴン王フェルナンド２世とカスティーリャ女王イサベル１世は、結婚により、熱烈なカトリック信仰を基盤とする統一国家スペインを作り出した。これにくわえ、クリストファー・コロンブスの新世界探検を後援したことで、教皇から「カトリック両王」という特別な称号を授けられた。

当時のスペインは、長期にわたる内乱で疲弊しており、フェルナンドとイサベルにとって、王位継承を確固たるものにすることは結婚直後の最重要課題だった。軍事的勝利が、ふたりの王権を強化して、反乱を起こすおそれのある貴族を抑えつける手段のひとつになった。また、フェルナンドがモーロ人のグラナダ王国を攻略すべく進めた戦争は、イスラーム教徒に対してカトリック信者を団結させる効果があった。

当初フェルナンドとイザベルは、従来どおりモーロ人に信教の自由を認めようと考えていた。しかしイサベルは、強制的にカトリックへ集団改宗させることに決め、これによりカトリック信仰は、国内においては両王の立場を支え、国外においては領土拡張主義を正当化するのに、もっともひんぱんに利用される武器となった。

異端審問所（非キリスト教徒がまちがいなく改宗したかを確かめる司法機関）が、ローマ教皇に上訴できる教会組織の裁判所ではなく、王立の裁判所として設置された。これが、教会を自分たちの道具に変えたカトリック両王による一連の権力掌握策のはじまりだった。異端審問所は、王の利益を優先して恣意的に運用されたため、権力乱用の代名詞となった。

このようにフェルナンドとイサベルは、宗教の力を政治目的に利用しようとしたわけだが、それがいつも成功するとはかぎらなかった。1492年、異端審問所の初代長官トルケマダの主張により、ユダヤ人の国外追放が実施されたが、これは結果的に、教養と技能を身につけていた都市の中産階級をスペインから奪うことになった。また同時期にフェルナンドとイサベルは、かつては強力だったカスティーリャ貴族を抑えこむのに成功し、表向きは無力化したが、その財産にはまったく手をつけなかった。このふたつの要因のせいで、スペインはヨーロッパ諸国との競争が激しくなったとき自国の経済を発展させることができなかった。

国家を支えることになるのは、経済発展ではなく、クリストファー・コロンブスによる新世界への探検航海だった。東方への海上ルートを見つけようとしてコロンブスが何度か行なった大航海のうち、最初の航海は、フェルナンドとイサベルの後援を得て1492年に実施された。両王が手がけたさまざまな政略のうち、探検・征服政策が、ふたりの国に富をもたらし、現代世界に今も残る遺産を形成したのである。

フェルナンドとイサベルは、キリスト教を表向きの理由としてスペインを統一した。両王は、内乱を鎮圧するため宗教に名を借りた軍事作戦を実施した。しかし、もっとも注目すべきは、国民全員をカトリックに強制改宗させることで国を統一しようとしたことであり、この強権的な政策を用いて、王権を拡大させる自分たちの立場を固めようとした。

エリザベス1世 帝国の基盤を築く

Elizabeth I

1558年から45年後に亡くなるまで女王位にあったエリザベス1世は、イギリスの黄金時代を体現する君主だ。その治世は、天才的な文学者が現れ、経済的に繁栄し、何人もの英雄が活躍し、戦争に勝利するなど、大英帝国の登場を予感させるものだった。

テューダー朝最後の君主となるエリザベスが異母姉メアリ1世から王位を受け継いだとき、その治世は血にまみれた短いものになるだろうと思われた。宗教対立や、王位継承争い、反乱などが、いつ起きてもおかしくなかったからだ。しかしエリザベスは、教養があって、フランス語とイタリア語に堪能だっただけでなく、頭のてっぺんどころか、その上の髪飾りの最頂部にある宝石から、足のつま先の、そのまた先の靴の先端まで、完全に政治家であり、あらゆる難題をきりぬけた。

内政では、まず一定の宗教的寛容を回復することに着手し（「わたしは、他人の魂にのぞき窓を作るつもりはありません」と語ったという）、カトリックとプロテスタント双方に譲歩した解決策を実施した。しかし、どちらの側にもかなりの不満が残り、そのため治世の初期と末期は不安定なものになった。カトリック側は、エリザベスは正統な王位継承権をもたないとくりかえし主張し、ついにはエリザベスの遠縁にあたるスコットランド女王メアリこそ正当な王位継承者だと訴えはじめた。何度か陰謀がたくらまれたのち、メアリは1587年2月に処刑された。

メアリの処刑にくわえ、オランダでプロテスタントがスペイン支配に抗して起こした反乱をエリザベスはこれ見よがしに支援し、エリザベス配下の海の英雄フランシス・ドレイクとジョン・ホーキンズの両名がたびたび海賊的な略奪行為を実施したことが最終的な引き金となり、スペインとの戦争がはじまった。スペイン王フェリペ2世は、巨大ガレオン船130隻からなる侵攻艦隊を整えたのに対し、イギリス側の艦隊は、小型だが機動性の高い船200隻で構成されていた。海戦は、大西洋の嵐のせいもあって、スペイン無敵艦隊の敗北に終わった。

エリザベスはこの勝利をすぐさま利用し、自分に役立つ政治ドラマを演じてみせた。国土防衛のためテムズ川河口の町ティルベリに集まっていた軍勢に対し、彼女はこう宣言した。「たしかにわたしは弱くて頼りない女性の体をしているが、国王の心臓と腹をもっている。それもイングランド王のものだ」

この時期イギリスが海外に進出したことで、300年後に帝国へと発展していく基礎が築かれた。たとえば東インド会社が設立され、北アメリカには最初のイギリス植民地が建設されている。その一方で、議会の重要度が増し、都市部で中産階級の成長がはじまり、王権神授説への批判が起こるなど、17世紀の危機をもたらす種子もまかれていた。歴史のなかでエリザベスは、当時彼女をたたえた文学者がよんだ「グロリアーナ」［詩人スペンサーが女王に捧げた長編詩『妖精の女王』に登場する女王。「栄光あるお方」の意］の名で記憶されているが、おそらくそれは、その後に続いたのが混乱の時代だったからであろう。

生年
1533年、グリニッジ、イギリス

没年
1603年、リッチモンド、イギリス

即位当初は問題山積だったものの、**エリザベス**は軍事的勝利と組織化された政府を特徴とする治世を作り出すのに成功した。彼女は王権神授説にもとづきながら、現実主義と天才的な政治センスで国を治めた。

アクバル大帝
宗教の違いに寛容

Akbar

生年
1542年、ウメルコート、インド

没年
1605年、アグラ、インド

北インドを支配したムガル帝国の歴代皇帝でもっとも偉大なアクバル大帝は、13歳で即位し、その長きにわたった治世は、単一の宗教しか認めない国家があたりまえだった時代にあって、宗教的寛容を特徴としていた。

シーア派のイスラーム教徒であるアクバルの統治姿勢には、自分はイマームであるとの確信が色濃く反映されていた。イマームとは、神の光を受けた公正な支配者であり、いわばプラトンの哲人王のように、その知恵と学識ゆえにだれもが当然従うべき人物のことをさす。だが、アクバルが統治する人民は、ヒンドゥー教徒が圧倒的多数で、ほかにもジャイナ教徒やゾロアスター教徒、ユダヤ教徒、キリスト教徒が数多くいた。イスラーム教徒は少数派だったのである。そのため現実問題として、カトリック国スペインのように異端審問所（52−53p参照）を利用して画一化を強引におしすすめるのは得策ではなく、むしろ違いを認めあって寛容を広める制度が求められた。

ほかのイスラーム諸国では、ほかの宗教と接触することで信仰が弱まるのをおそれ、強制改宗を試みるのが常だった。しかしアクバルは、国家が宗教の違いに目をつぶってもよい宗教上の理由を見つけ出すことができた。「スルヘ・クル」（万民との平和）という政治理念をイマーム論と結びつけ、現世の平和と繁栄にも役立つ決定を擁護するのに活用できたのである。アクバルは、非イスラーム教徒のみに課せられていた税を廃止した。また（プラトン的な意味で）公正な王になろうと決意していたことから、奴隷制と寡婦殉死（サティー）に反対した。

豪華な宮廷と芸術保護で知られる一方、諸宗教の調和実現という課題にも真剣に取り組み、あらゆる宗教の学者を招いて討議を重ねたすえに、独自の汎神教を生み出した。しかし、この宗教は多くの信者を獲得できなかったらしく、そもそも信者を必要とするものでもなかったらしい。

その一方で敬虔なイスラーム教徒を自認しており、イスラーム世界を地上に再現した理想都市ファテープル・スィークリーを建設した。融和を体現した都市で、イスラーム建築だけでなくインドやヨーロッパの建築様式もとりいれられている。

アクバルは、精巧な位階制度を作り、兵士と行政官が皇帝自身の権威と直接結びつくようにした。また、各州で財務長官ならびに給与長官とともに行政にあたる地方長官（のちに「ナワーブ」とよばれる）の制度を導入した。こうしてアクバルが帝国運営のために設計した統治機構は、きわめて効率がよく、そのため200年以上ののちのイギリス領インドでも行政組織の基盤になった。

アクバルは、支配下に異なる信仰をもつ人々を抱えており、自分と同じイスラーム教徒はあきらかに少数派であった。アクバルには、アラーの聡明な光に導かれているとの確信があったが、それでも寛容と平等が必要だと考え、以後数百年間続く効率的な統治機構を導入した。

エカチェリーナ2世
ロシア国家を拡大

Ekaterina II

その治世（1762–1796）でエカチェリーナ２世は、ロシアの国境を黒海沿岸や中央ヨーロッパまで押し広げた。即位当初は自由主義者だったが、晩年には反動的な専制君主となり、その改革は、女帝本人と貴族たちがロシアの一般大衆を支配する力を強化するのにしか役に立たなかった。

エカチェリーナは、ドイツの小領邦主の娘で、無名な彼女が歴史の表舞台に現れたのは、ピョートル大帝の娘エリザヴェータ女帝から凡庸な皇太子ピョートルの結婚相手として選ばれたのがきっかけだった。

エリザヴェータが亡くなるとピョートルが帝位を継いだが、すぐに宮廷と対立したため、エカチェリーナは軍隊の支持を得てたちまちピョートルの帝位を奪った。エカチェリーナは、改革の名のもとにロシア正教会の財産を没収して帝室の財政危機を解決する一方、ヨーロッパの主要国と良好な関係を維持して、西部国境の平和を維持するとともに、南方で戦争をはじめる準備を進めた。

ロシアが黒海や地中海へ進出するうえで障害となっていたのが、オスマン帝国だった。オスマン帝国と戦争して勝利すると、その直後の1775年には、コサック出身のプガチョフがエカチェリーナの亡夫ピョートルの名をかたって起こした反乱を鎮圧した。それまでエカチェリーナは、封建的なロシアに自由主義を導入しようと考えていたが、この反乱をきっかけに方針を180度転換させた。ロシアの農奴は、隷属状態のままにされたばかりか、さらに重い負担を強いられ、しかも農奴制はウクライナにも広げられた。

エカチェリーナは、権力を誇示するのに宮廷の華やかさを利用した。みずから全ロシアの母と名のり、手練手管のかぎりをつくしてみずからの政治体制に、プロパガンダとして一種の神秘的な雰囲気をまとわせ、諸外国の支配者から熱狂的に支持された。

しかし、革命の影はすでにヨーロッパ全土に広がりはじめていた。エカチェリーナは、1789年にフランスではじまった革命を猛烈に非難する。改革を求める声は、彼女が予期したとおりポーランドにすぐ伝わった。ポーランドはまず弾圧を受け、次いでロシア、プロイセン、オーストリアの３か国によって分割された。

以後の多くの女性権力者と同様、エカチェリーナも淫乱だとして非難された。同じ支配者でも男性なら指摘されないような事柄が、全ロシアの女帝としての、反動的ではあってもなみはずれた業績を傷つけるのに利用された。たしかに彼女の治世には無慈悲な側面もあったが、この時代からロシアは経済が成長をはじめ、社会が西欧に向けて開かれるようになったのである。

生年
1729年、シュテッティン、プロイセン

没年
1796年、サンクトペテルブルク、ロシア

当初**エカチェリーナ**は、夫の帝位を奪ったあと、自由主義的な改革を推進するつもりでいた。しかし反乱鎮圧後は方針を変え、農奴をさらなる貧困へと追いやり、華やかな宮廷をみずからの権力源として活用した。エカチェリーナはロシアの領土を広げ、国力を強化し、西欧化を進めたが、その一方で民衆との関係を悪化させ、革命の種をまいた。

ナポレオン・ボナパルト

Napoléon Bonaparte

啓蒙思想の理念を広める

生年
1769年、アジャクシオ、コルス（コルシカ）島

没年
1821年、セントヘレナ島

フランス皇帝ナポレオン・ボナパルト（在位1804-1815）は、カール大帝を模範とし、フランス革命の理念をヨーロッパ全土に広めた。フランス国内では、革命の掲げた自由を尊重する中央集権的な行政・法律・司法・教育制度を作り、その大半は今もそのまま残っている。

ナポレオンが共和国の救い主として世に知られるようになったのは、1795年に王党派の反乱を鎮圧したのがきっかけだった。その後すぐに国内軍の司令官となり、次いでイタリア遠征軍の司令官になって征服戦争を開始した。

ナポレオンは行く先々で革命の理念を広め、旧体制の反感をかった。やがてフランスに戻ると第1統領となり、1804年には皇帝になった。どちらの場合も国民投票で承認されており、民意を得てのものだった。

1805年にトラファルガーの海戦で敗れたあと、しばらく平和な時期が続いたが、1812年、ナポレオンはロシア遠征を開始した。しかし、これは大失敗に終わる。1814年にはエルバ島へ流刑にされた。1815年に脱出してパリに戻るも、ワーテルローで決定的な敗北を喫した。

ナポレオンは、フランスの内政制度を大きく変えた。1790年からはじまっていた法律の大改革と編纂作業は、いわゆるナポレオン法典として結実した。この法典は1804年に公布され、個人の自由と、表現および良心の自由、ならびに法の下の平等を保障しており、今なおフランスで効力をもっている。

中央政府による統制は、県知事が各県の行政を担当する制度を通じて行なわれた。独立した司法制度と裁判官の終身制が確立され、中央銀行であるフランス銀行が設立された。また、きわめて革新的な政策のひとつとして、中等教育を、18世紀の思想家たちが主張していたとおり国家の責務とした。

ナポレオン自身は宗教に無関心だったが、1801年にコンコルダート（宗教協約）をまとめ、革命後のフランスとローマ教皇とのあいだで和解を成立させた。フランスは完全な世俗国家となったが、信教の自由は保障された。

ナポレオンは、ヨーロッパでナショナリズムが高まっていくのを直接後押ししたわけではないが、フランス革命と、革命戦争後に行なわれた国境線の引きなおしから、人々は政治の世界が見た目ほど堅固なものではないことを知った。当初は国内の支配者に向けられていた抵抗運動が、やがてナポレオン支配にも向けられた。スペイン、イタリア、ドイツでは民族感情が高まってナポレオンの覇権に対する反発となり、これが最終的にナポレオンを失脚させる一因となった。

ナポレオンがフランス皇帝だった時期は比較的短いが、フランス政治に今なお続く影響を残している。個人の自由と平等を尊重するナポレオン法典制定、中央銀行設立、義務教育制度の確立など、自由主義的な改革を数多く実施して、中央集権的な統治制度への道を開き、そうした制度の大半は今もそのまま引き継がれている。

オットー・フォン・ビスマルク
Otto von Bismarck

ドイツ諸邦を統一

生年
1815年、シェーンハウゼン、プロイセン

没年
1898年、フリードリヒスルー、ドイツ

プロイセン首相をつとめ、のちにドイツの鉄血宰相とよばれたビスマルクは、いくつもあったドイツ諸邦を戦争と外交によって統一する一方、国内では自由主義的運動をすべて弾圧して、国家を革命の危機から守った。

プロイセンの保守的なユンカー（地主貴族）を父にもつビスマルクは、1862年プロイセンの首相になると、ドイツをプロイセン主導で統一して、オーストリアをスラヴ人の多い南方に封じこめるべく、徐々に行動を開始した。新たに「北ドイツ連邦」を結成すると、急進的といっていい内容の憲法を制定したが、ビスマルクの真意は小作人を解放して自由主義を防ぐ砦《とりで》とすることにあり、また、皇帝がみずから政府を組織する権利も保持されていた。

1870年、フランスとの戦争（と、その結果アルザス・ロレーヌ地方を奪って1918年までフランス人に恨みをいだかせた講和条約）により、ようやく南ドイツ諸邦の支持をとりつけ、オーストリアをはずした「小ドイツ主義」によるドイツ帝国が成立した。

これでヨーロッパ大陸は、ロシア、オーストリア＝ハンガリー、フランス、ドイツの４大国の勢力圏に分割されることになった。ビスマルクの巧みな外交は、一世代前に活躍したオーストリアの政治家クレメンス・フォン・メッテルニヒの外交と同様、勢力均衡の維持と、戦争をまねきかねない事態の鎮静化とをひたすらめざしていた。実際バルカン半島では、オスマン帝国が急速に力を失って不安定な状況になっていた（オスマン帝国を「ヨーロッパの病人」とよんだのは、だれあろうビスマルクであった）。

ドイツ国内でも同様に勢力均衡をめざし、政教分離を進めて修道会を解散させた。また、勢力バランスが進歩主義者の方にふたたび傾きかけたと見るや、都市部の社会民主主義者に対抗して保守的な地主層を支援する経済保護政策を採用した。

彼は左派を（「駆除すべきドブネズミども」とよぶほど）猛烈に敵視していた。こうした反左派感情は、ヨーロッパ各国で彼と同じ階級に属す人々が、その後すくなくとも２世代にわたっていだきつづけるものだが、ビスマルクの場合、その反感が粗雑で狭量な言葉となって表れており、そうした態度が、民主主義が着実に発展する芽を摘んでしまったものと思われる。しかし、当初の方針も守りつづけ、福祉改革を通じて、革命に賛同しかねない人々のあいだに政権を支持するグループを作ろうとした。養老保険や疾病保険などの政策は、当時のヨーロッパで時代の先を行くものだった。

ビスマルクは根っからの保守主義者で、ドイツを統一する覚悟と、社会の全階層をなだめて革命を弾圧することにより安定を実現させようとの決意をいだいていた。新たに「小ドイツ主義」のドイツ帝国を成立させると、その運営に腐心し、教会が関与しない福祉制度を導入して、自由主義の脅威をかわそうとした。

アドルフ・ヒトラー
世界を恐怖につき落とす

Adolf Hitler

1933年から1945年までドイツの独裁者だったヒトラーは、国家社会主義という思想を生み出して、総統の権威は人民の意志を代弁するものだと宣言し、19世紀のヨーロッパ政治を特徴づけていた自由と平等を否定した。

ナチズム（国家社会主義）は、19世紀後半のさまざまな思想から生まれたもので、そのなかには、ロマン主義的ナショナリズムやアーリア人種優越論のほか、指導者の意志は既存の規則をすべて超越するというニーチェの考え方に代表される、ドイツ人が理想とする指導者像もふくまれていた。

ヒトラーは、1923年にバイエルン州政府に対してクーデタを起こすが、失敗して逮捕されると、獄中でみずからの政治理論書『わが闘争』の執筆を開始した。そのなかで彼は、国家は人民の意志を表現・守護するものであって、指導者を除くすべての個人がこの意志に従わなくてはならないと書いている。

ヒトラーは、ヨーロッパの全ドイツ語圏住民を統合するという野望を明らかにした。共通のアイデンティティーを強調することで、本来は異なるドイツ語圏の国々をひとつにまとめることができた。

ヒトラーのプロパガンダにより、ユダヤ人種は極悪人に仕立て上げられ、アーリア人種の純潔を弱め、汚そうとしている存在だとされた。ユダヤ人は故国のない人種であり、ゆえにドイツ民族に「寄生」していると説明された。

ナチズムの国家主義的側面に比べると、社会主義的な側面の方はあまり知られていない。じつはヒトラーは、70年後の現在でも過激とみなされる主義を信奉していた。ナチズムはたんに資本主義に反対するのではなく、自由主義的な意味での自由を否定していたのである。

1934年にヒトラーが合法的に確立させた全体主義的支配体制の下では、ナチ党以外の政党は認められず、また、いかなる異議も、それを訴えるのが教会であろうとどこであろうと、いっさい許されなかった。ヒトラーとそのプロパガンダをとおして表現され、ニュルンベルク党大会などの巨大イベントで示される国民の意志に、なにもかもが従属させられた。思想の画一化が、強力な国家警察組織によって推進された。

ヒトラーの計画では、ドイツが経済的に自立し、支配者民族としてヨーロッパと北アフリカでカエサルの帝国におとらぬ大帝国を築くには、レーベンスラウム（生存圏）と資源が必要だった。そのため当時ヨーロッパに引かれていた国境を承認しなかったのだが、これが原因で1939年にフランスおよびイギリスとの戦争がはじまり、1945年ついにヒトラーは破滅した。

生年
1889年、ブラウナウ・アム・イン、オーストリア

没年
1945年、ベルリン、ドイツ

ヒトラーが国際政治と国際社会にあたえた影響は、議論の余地がないほど明らかである。人種優越主義とナショナリズムに、指導者の絶対性と経済復興策を組みあわせた、その類を見ないおそろしい思想が、深刻な不況にあえぐ国の心をつかんだ。次々とくりだされる経済発展と勢力拡大の約束に圧倒され、たちまちドイツは厳しく管理される全体主義国家になった。

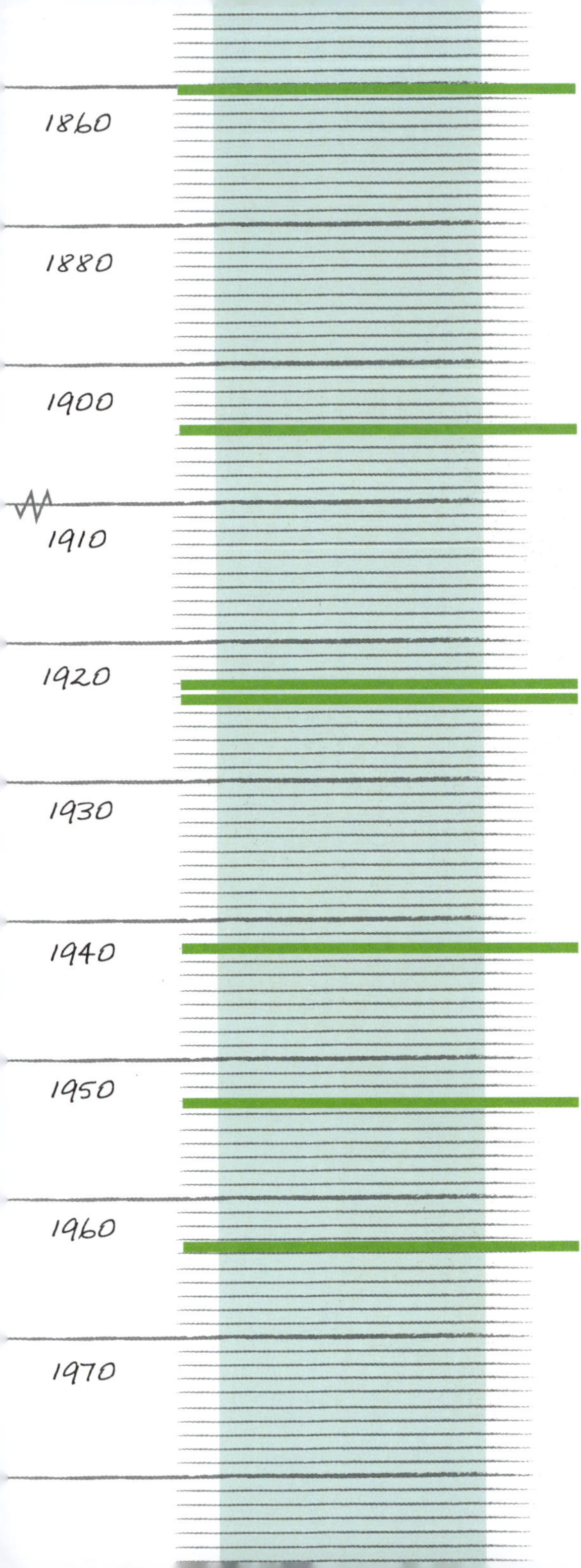

ジュゼッペ・ガリバルディ、シチリア島とナポリを占領（1860年）

孫文、「三民主義」を提唱（1905年）

ダヴィド・ベン=グリオン、ヒスタドルート創設（1920年）

ケマル・アタテュルク、トルコ共和国大統領に就任（1923年）

マハトマ・ガンディー、クイット・インディア運動（1942年）

ガマル・アブドゥル・ナセル、エジプト共和国首相に就任（1954年）

ネルソン・マンデラ、終身刑の判決（1964年）

第3章
新国家の建設者たち

新たな国家は傑出した一個人の汗と涙で建設されるというのは、いくらなんでも単純化のしすぎだろう。しかし、そうした偉人が民族を統一したり国家を建設したりするのに不可欠な役割をになうことが多かったのは事実で、それまでバラバラだった諸集団を深い絆で結び、それによって世界の勢力図を一変させることも少なくなかった。ジュゼッペ・ガリバルディからネルソン・マンデラまで、この章でとりあげるのは、そうした偉大な建国者たちである。

社会主義

社会主義は、イデオロギー的な起源をもち、教条主義におちいった時期もあったが、現在では、公正さや社会正義など幅広い価値観をふくむ思想に進化している。

社会主義は、産業革命への反動として19世紀に誕生した。産業化により、村落共同体と伝統的な働き方は崩壊し、何百万もの人々が貧困に苦しみ、少数の者だけが莫大な富を手にするようになった。大都市や工場や職場では、それまでとは違った連帯感と仲間意識が芽生え、新たに労働組合運動がはじまり、やがて新たな政治理論も生まれた。

サン＝シモンやフーリエらフランスの空想的社会主義者と、ウェールズ出身の現実的な改革者ロバート・オーエンは、資本主義が不公平をもたらすのは私有財産制に根本原因があると見て、それに代わる制度を求め、圧政国家をなくそうと考えた。なかでもとくに後世まで影響をあたえたのがオーエンで、みずからも資本家として成功していた彼は、協同生産の実験を行ない、浪費を非難し、教育の必要性を訴えた。

社会主義の考え方を体系的・国際的な思想にしたのが、カール・マルクスとフリードリヒ・エンゲルスだ（90–91p参照）。彼らによると、資本主義社会では、財産の所有がますます少数の手に集中するようになるため、疎外された労働者階級が、やがて革命を起こして生産手段を獲得し、階級のない社会を打ち立てるという。社会主義は、国家が衰退する前の最終段階に位置づけられた。

この思想は『共産党宣言』（1848年）で概略が示され、そこからヨーロッパの社会民主主義が生まれた。しかし1914年に第１次世界大戦が勃発すると、社会主義政党の大半は、戦争に協力するため、運動に不可欠な要素だった国際協調主義を放棄してしまう。さらに1917年にロシアで共産主義革命が起こると、左派の分裂は決定的となった。穏健な社会主義者たちは、レーニンから、帝国主義の主戦論者に協力したと非難され、それに対して社会主義者は、新たに生まれたソ連の独裁政権が権力を労働者に返していないと言っ

「社会主義の拡大は、日々の生活で民主主義と情報公開と集産主義が拡大することを意味している」

ミハイル・ゴルバチョフ

て批判した。

しかし、国際協調運動は失敗に終わったとはいえ、ソ連の共産主義体制が表向きは経済成長に成功したらしいことに、世界各地の社会主義者は大いに心を動かされた。政権にも参加するようになるが、当初の社会主義政権は不安定で、世界規模の経済危機にまったく対処できなかった。ドイツでは、1929年の株価暴落後の不況に社会民主党政権が従来どおりのデフレーション政策で対応し、同じ時期にイギリスでも、少数与党の労働党政権が同様の政策を実施したが、成果を上げることはできなかった。スウェーデンだけは、社会民主党政権が公共事業を実施して失業者数を減らし、経済を活性化させるのに成功した。

第２次世界大戦後、社会主義は、革命的変化を訴えるのをやめ、ヨーロッパで主流のイデオロギーとなった。イギリスでは、労働党の綱領に生産手段の国有化が1990年代まで残っていたが、戦後初の労働党単独政権は、ひとにぎりの産業しか国有化しなかった。労働党の最近の成果としては、社会革命により、医療と教育の全面無償化や、福祉給付の大幅拡大、完全雇用の保証などを実現させたことがあげられる。

やがて社会主義は、福祉国家と漸進主義と混合経済を意味するようになり、こうした穏健な形をとることで、ヨーロッパでは1950年代から1960年代にかけて選挙で勝利した。

20世紀末に、社会主義はふたたび変わらなくてはならないとの認識が広まった。現在では、よい社会、つまり能力本位の公正で差別のない社会を、資本主義経済の枠内でめざす運動としての側面をますます強くしている。

ジュゼッペ・ガリバルディ
Giuseppe Garibaldi
イタリアを統一

生年
1807年、ニース、フランス

没年
1882年、カプレーラ島、イタリア

ジュゼッペ・ガリバルディが生まれたころ、イタリアは「地理上の表現」としてかたづけられていた。それが彼の死のころには、自由主義的な憲法をもった統一国家となり、世界各地でナショナリズム運動の模範となった。

イタリア統一の気運を高めたのは、「リソルジメント」(再生)という考えだった。これは、イタリアという国をオーストリアとフランスの勢力争いの場とならない国家として再生させようという思想で、これに、道徳的・宗教的信念がくわわって統一運動は推進された。

リソルジメントは、個人の犠牲と英雄的行為を尊ぶ風潮をひき起こしたが、それにとりわけ引きつけられたのが軍人ガリバルディだった。彼が戦闘で示した勇ましい行動は、ナショナリズムという新たなイデオロギーを魅力的なものとするのに欠かせない要素となった。傑出した軍事的才能の持ち主だったガリバルディが、知的側面で強い影響を受けたのが、政治的盟友となった同年輩の共和主義的ナショナリストで哲学者のジュゼッペ・マッツィーニだった。彼は、ガリバルディの軍功がもつプロパガンダとしての価値に最初に気づいた人物であった。

1834年、ガリバルディは南アメリカへ亡命した。南アメリカでは、「解放者」シモン・ボリバルの偉業がまだ鮮明に記憶されていた。ここでガリバルディはゲリラ戦術を学ぶと、ヨーロッパで革命運動が盛んになった1848年、英雄として戻ってきた。

ガリバルディは、教皇をローマから追放したものの、逆にフランス軍に包囲されて籠城を余儀なくされた。しかし、彼はのちに19世紀最大の伝説のひとつとなった行動に出る。数百人の兵士とともにローマを脱出し、語り草となる強行軍のすえに、ぶじサンマリノに到着したのである。ガリバルディは、人なみはずれた個人的勇気と、大義のためならいつでも命をなげうつ覚悟があることを、何度も示した。「ローマか、死か」は彼のキャッチフレーズで、遠征に同道した数十人の記者たちに、この言葉をすぐに広めた。

その後ふたたび亡命するも、1859年、統一実現への熱意を新たにして表舞台に復帰。みずから赤シャツ隊を率い、1860年9月には、じつにみごとな軍事作戦で、シチリア島とイタリア半島南部を支配していた両シチリア王国を占領した。この征服地は、イタリアの初代国王となるヴィットーリオ・エマヌエーレ2世に献上され、この無私の行為により、ガリバルディの世界的な英雄としての地位は確実なものとなった。その死から100年以上たっても、彼は典型的な革命的人物とみなされつづけ、19世紀のロマン主義者はもちろん、20世紀の独裁者にも強い影響をあたえた。

ガリバルディは、ナショナリズムの高まるイタリアとヨーロッパで、戦闘での英雄的行為を象徴する存在になった。彼自身も、生死を省みず大小さまざまな戦闘を勇敢に戦う、謎に満ちた革命の指導者というイメージを打ち立てた。

孫文
革命運動を醸成

Sun Wen

「国父」とよばれる孫文は、清朝を倒す革命運動を指導し、それによって死の約30年後に共産主義革命が起こる道を開いた。

19世紀末、清朝は末期状態にあり、とりわけ1894年の日清戦争で日本に敗北して以降は衰退の一途をたどっていた。中国南東部の農家に生まれた孫文は、早い時期から何度も革命をくわだてていたが、この段階では、300年続いた全体主義的支配体制に代えて、どのような国を作ればよいのか、まだ明確な考えをいだいてはいなかった。

しかし、長年の亡命生活をへて1905年までには、おおまかな改革案を練り上げていた。彼の唱えた「三民主義」は、ナショナリズムと民主主義と社会主義についての西洋的な考え方を中国の伝統にあてはめて総合したものだ。孫文は自分の使命を、道徳的・経済的改革運動という見地から、たとえばイタリアのリソルジメントのように、中国を皇帝と諸外国のくびきから解放して再生させることだと考えていた。

彼は構想のなかで、中央政府に強力な権限をあたえ、それによって新興の実業家たちによる資本主義の猛威と、地方の地主層からなる伝統的な勢力とをコントロールしようと考えていた。しかし彼の見るところ、大多数の中国人には民主主義を受け入れる準備がまだできていない。そこで、「訓練」期間を３つ設ける「革命三段階説」を唱え、この３段階を進むあいだに、政治に対する責任を負うという考えを徐々に広め、中央政府のほぼ独裁的な権力を移譲していけばよいと主張した。

孫文は革命組織を作り、やがて1911年に清朝が崩壊すると、これを国民党に改組した。1913年、新たに生まれた国会で国民党は過半数の議席を獲得した。しかし、民主主義は軍部や財界の利益を制御できるほどまだ根づいてはおらず、孫文は、国民からの支持を得ていたにもかかわらずふたたび亡命した。

1916年に帰国した孫文は、支持基盤を再建しはじめた。まもなく中国共産党内部に新たな味方を見つけ、共産党から、共産党員が国民党に入るのを認めれば、政治組織をまだよく知らない何百万もの農民や工場労働者に国民党の勢力がおよぶと説得されて、その提案を受け入れた。その見返りとして、ソヴィエト連邦から軍事・技術顧問が派遣され、武器を供給された。

孫文は、次の武力革命をはじめる前に亡くなった。しかし、後継者の蒋介石は、孫文の遺徳に助けられ、ついに1928年、革命を完成させて中国を再統一した。

生年
1866年、広東省、中国

没年
1925年、北京、中国

孫文は農家の子として生まれたが、西洋の政治理論を中国文化と巧みに結びつけ、それによって中国の人々に、同じ政治組織で団結するよううながした。彼は中国を、民主主義の考え方を徐々に導入しながら、圧政のない国に改革しようと奮闘した。

マハトマ・ガンディー
非暴力を提唱

Mahatma Gandhi

生年
1869年、ポールバンダル、インド

没年
1948年、デリー、インド

現代インドの父モーハンダース・カラムチャンド・ガンディー（一般には「偉大な魂」を意味する「マハトマ」の名で知られる）は、政治的・社会的改革をなしとげるのに非暴力主義を採用した。その方法は、以後の反植民地運動や人種差別反対運動に大きな影響をあたえた。

ガンディーの生涯は、3つの理念に導かれていた。ひとつめの「サティヤーグラハ」は、「真理の把握」という意味だが、彼はこれを「非暴力抵抗」という意味に変えた。この理念を強化するのが「アパリグラハ」すなわち「非所有」あるいは「無欲」である。3番目は「サマバーヴァ」で、これは試練に直面しても冷静さを失わないことをさす。

青年弁護士として南アフリカに赴任したガンディーは、非ヨーロッパ人に屈辱的な制約を課す法律を廃止させるため先頭に立って戦った。この運動の過程で、受動的抵抗と非暴力的抗議という発想を、植民地支配者自身の道義心をつく強力な政治的武器へと発展させた。

1914年にインドへ戻ってからは、西洋風の服装をやめ、手で紡いだ綿を織ったインド製の服しか着なくなった。禁欲生活を送り、自分への試練として、若い美女たちを隣に寝かせることもあった。また、アシュラム（修行所）と名づけた自給自足の農園を作り、そこで模範的な生活を模索した。

第1次世界大戦後に、裁判なしでの投獄を認める法案に反対する運動を開始すると、これにイギリス側は暴力で応じ、アムリットサルの大虐殺では400人ものインド人が死亡した。それでもガンディーは、わたしを動かしているのは個人としての真理探求のみだと主張して、インド国民会議に方針を変えさせ、農村部の民衆に、この国の現状はイギリス人のせいではなくインド人自身の欠点によるのだと説いてまわった。

彼は、イギリスの制度すべてに対するボイコットをよびかけ、イギリスの法律を無視した。そのため、ガンディーもふくめ数千人が投獄された。1930年からは、インドの完全独立をめざすようになった。塩税に反対する新たなサティヤーグラハを指導し、この運動は6万人以上が逮捕される大規模なものとなった。その後、ふたたび政治活動から身を引き、農村部での教育普及と、「不可触民」差別反対運動に尽力した。

1942年から国政の場に戻り、イギリスにインドからの即時撤退を要求した。イギリス統治最後の数年間は、ヒンドゥー教徒とイスラーム教徒のあいだで暴力が激化し、ガンディーは自分が断食をすることで暴力を終わらせようとしたが、分離独立への動きをくいとめることはできなかった。それでも1947年8月15日、ついに独立が認められた。

ガンディーは、弁護士として活動を開始したが、やがて3つの倫理的理念にもとづいて非暴力抵抗運動による政治と社会の改善をめざすようになり、晩年には精神的指導者として尊敬された。

ケマル・アタテュルク
トルコの近代化を推進

Kemal Atatürk

トルコ共和国初代大統領のアタテュルク（在任1923–1938）は、意欲的に近代化を推進して、世俗主義にもとづく近代的な共和国の枠組みを作り、他国に多くの追随者を生み出すとともに、トルコを20世紀に存続させた。

ケマル・アタテュルクは輝かしい経歴をもつ軍人で、第1次世界大戦ではイスタンブルに近いガリポリ半島を連合軍の上陸から守って名をはせた。1918年にオスマン帝国が大戦に敗れて大混乱におちいると、最後の皇帝となるメフメト6世が連合国にあやつられ、帝国内のトルコ語地域を分断する内容の講和条約が発効されそうになったため、ケマルはメフメト6世に対する抵抗運動を組織した。その後に続いたトルコ独立戦争で、ケマルはトルコ語話者の大半をとりこんだ国境線を画定させ、宗教ではなく文化を国家アイデンティティーの基礎にすえた。

1923年、新たに建国されたトルコ共和国の大統領になると、競合するイスラーム教の魅力から新国家を遠ざけることを指導理念として、次々と斬新な改革を遂行した。そうした改革には、アラブ風衣装の禁止や、アラビア文字の廃止とラテン文字の導入などがあった。

アタテュルクは、近代トルコ国家の方針として6原則を定め、革命を導く指針とした。その最初のふたつは共和主義と人民主義で、旧来の支配者が復活しないよう民主主義をひたすら守ることを意味する。次に来るのが民族主義と国家資本主義で、これによりトルコは、多民族帝国の残骸から削り出された民族国家として定義された。この国は、共通言語と共通の価値観・文化によって統合され、国境内で生まれた者なら、人種や宗教に関係なくだれにでも開かれた国になった。残るふたつ、世俗主義と革命主義により、旧秩序の宗教的・政治的権力構造が打倒された。女性は解放され、1934年までに選挙権と被選挙権が認められた。離婚も合法化された。国民はすべて法の前に平等となった。

政教分離も進められ、国家が宗教に影響をおよぼすことも、宗教が国家に（教育もふくめ）影響をおよぼすことも、すべて正式に禁じられた。イスラーム教は、数ある宗教のひとつになった。

今でもアタテュルクは、トルコでは崇敬の対象になっている。一党独裁による上からの革命は、皇帝の支配するペルシア（のちのイラン）やエジプトなど、多くの国で模倣されてきたが、そのほとんどでは、ケマル・アタテュルクがトルコでなしとげたのと同程度はおろか、その何分の一の成果さえあげられなかった。

生年
1881年、テッサロニキ、オスマン帝国（現ギリシア）

没年
1938年、イスタンブル、トルコ

アタテュルクは、トルコ人をひとつにまとめ、共通の文化が重んじられ、かつてのオスマン帝国時代のような宗教にもとづく独裁政治を認めない世俗社会を築いた。新たな共和国は、徹底した自由主義的改革を実施し、民主主義と平等を擁護し、旧帝国の領域を統合するのに成功した。

ダヴィド・ベン＝グリオン
David Ben-Gurion

ユダヤ人の祖国建設を支持

生年
1886年、プウォニスク、ポーランド

没年
1973年、ラマト・ガン、イスラエル

ダヴィド・ベン＝グリオンは、労働シオニズムの中心人物のひとりとして、イスラエル国家建設で重要な役割を果たし、イスラエルの初代首相になった。雑誌「タイム」では、20世紀でもっとも重要な人物100人のひとりに選ばれている。

ベン＝グリオンは、ダヴィド・グリューンとして、当時ロシア帝国の一部だったポーランド東部に生まれた。そのころヨーロッパでは反ユダヤ主義が激しさを増しており、ベン＝グリオンが20歳ではじめてパレスティナへ渡ったころには、ヨーロッパのユダヤ人が迫害をのがれて祖先の地をとりもどせるよう祖国を再建すべきだとの考えが、広く支持されるようになっていた。1907年、政治シオニズムを掲げる政党ポアレ・ツィオンは、パレスティナにおけるユダヤ人の政治的独立を目標として採択した。

ベン＝グリオンは、ヒスタドルート（ユダヤ労働総同盟）の初代書記長になった。ヒスタドルートは、彼と、彼が率いるエレツ・イスラエル（イスラエルの地）労働者党（イスラエル労働党の前身）のヴィジョンを実現させる推進力となった。

彼は、ヨーロッパ自由主義の伝統を尊重しようと決心しており、ユダヤ人労働者とアラブ人労働者が団結して共通の経済目標の達成をめざす一方、それぞれの政治目的を推進するため文化的な違いを維持する社会を思い描いていた。

ヒスタドルートは、ベン＝グリオンの指導のもと、イギリス委任統治領パレスティナで国家内国家として機能する二番目に強力な組織となり、続々とおしよせる移民たちを、自由で平等な個人で構成されるユダヤ人国家建設という目標を軸に統合するうえで欠かせないグループになった。しかし、第２次世界大戦中にイギリスが親アラブの立場をとったため、1940年代になるとベン＝グリオンは「戦闘的シオニズム」の思想を発展させた。

戦闘的シオニズムは、文化的な違いを抑止して、戦中・戦後にヨーロッパから逃げてきた数千数万のユダヤ人をひとつにまとめる方法を示すものだった。当時は対立する指導者たちの私兵団による内部抗争が内乱寸前にまで進んでいたが、これをベン＝グリオンは、戦闘的シオニズムの名のもとに容赦なく抑えこんでいった。それと同時に、2000年前にローマ人に奪われるまで長い歴史をもっていたイスラエルのパレスティナ領有権を前面に押し出したことで、宗教的ユダヤ人を結集させる、もうひとつの柱を作った。しかし、首相として1948年の建国から1953年までと、1955年から1963年までの２期、権力の座にあったときは、理念よりも現実問題を優先させ、アラブ諸国の敵意に対抗するため欧米からの支援に頼った。

ベン＝グリオンは、ヒスタドルートの創設に尽力し、この労働者組織を通じてイスラエルへのユダヤ人移民を結集させて、独立国家を作ろうとした。彼は、独立したユダヤ文化を思い描く一方、自分がめざすのはユダヤ人とアラブ人がともに肩をならべて働く姿だと主張しつづけた。しかし現実には、この夢はまだ実現していない。

ガマル・アブドゥル・ナセル
Gamal Abdel Nasser

汎アラブ主義を推進

生年
1918年、アレクサンドリア、エジプト

没年
1970年、カイロ、エジプト

1954年に権力を掌握して1970年までエジプトの大統領をつとめたガマル・アブドゥル・ナセルは、植民地支配の影響から脱して大西洋から紅海までを占める汎アラブ国家建設をめざした。

第2次世界大戦で、エジプトは政治的にも社会的にも動揺した。ナセルは、1948年にイスラエルとの最初の戦争である第1次中東戦争に従軍して国民的英雄になると、軍の反政府組織である自由将校団を率いて1952年に反王政クーデタを起こし、ムハンマド・ナギブ将軍をエジプト共和国の初代大統領の座にすえた。1954年、ナセルは表舞台に現れ、労働組合と労働者階級の支持を得て首相になると、統治者として手腕を発揮し、権力基盤となった労働者たちの後押しを受けて一種のアラブ社会主義の実験を進めた。

同じ年、ナセルの著書『革命の哲学』が出版された。この本は、フランス首相ギー・モレから（ナセルがフランス領アルジェリアでの反乱を支援していたため）「ナセルの『わが闘争』」だと批判されたが、そのなかでナセルは、カイロからダマスカスやバグダード、アンマンなどへ広がるアラブ国家の将来像を示した。

新たなアラブ国家は、地域の近代化をリードし、諸外国からの干渉に対抗できる力を養うとされた。またナセルは、これによってアラブ世界の石油資源は一部がエジプトの方へ向かうだろうと期待した。一世代前のアタテュルクと同じく、ナセルも近代化を産業化や経済成長と同一視していた。

彼が望んでいたのは、世俗主義と民主主義および社会主義を柱とする未来だった。つまり汎アラブ主義へ向けた動きとは、宗教的統一ではなく、イスラーム化以前の非宗教的な伝統に訴えることをめざすものだったのである。

ナセルは、エジプト農村部の貧困を解消しようとして、土地改革を実施して土地所有に上限を設けた。また、外国企業を国有化（「エジプト化」）し、外国からの投資に壊滅的な打撃をあたえた。さらに、宗教学校の世俗化も進めた。この世俗化に対して、1954年にムスリム同胞団は暗殺者を送り、ナセルを負傷させた（これを口実に、ナセルは同胞団の指導者たちを処刑・投獄した）。

1956年のスエズ動乱で、ナセルはアラブ世界の英雄になった。その人気の波にのって、1958年にはエジプトとシリアを統合してアラブ連合共和国を建国し、汎アラブ国家建設へ向けて第一歩をふみ出した。しかし、この国家は1961年にシリアが離脱して終わりを迎えた。それでもナセルは、自分の夢を決してあきらめず、1970年に亡くなるまで、他のアラブ諸国を統合できる大義を求めつづけた。

ナセルは、アラブ世界の将来について明確な考えをもった軍人だった。戦後エジプトが動揺していた時期から、彼は経済や産業を他国に依存せず、諸外国の侵略や干渉から身を守れる世俗国家としてのアラブ共和国を建設したいと考えていた。その計画はすべてが実現したわけではないが、初期の政策により、彼は汎アラブ主義の英雄になった。

ネルソン・マンデラ
アパルトヘイトを撤廃

Nelson Mandela

27年間の獄中生活の後、ネルソン・マンデラは平和的な革命によって南アフリカを民主化し、新生共和国の初代大統領になった。あらゆる機会を通じて和解を進めた彼は、道徳的権威の力を示すシンボルとなった。

ホリシャシャ（のちにネルソン）・マンデラは、南アフリカの農村部から弁護士になるためヨハネスブルグに移ってきたが、そこでアパルトヘイトによる差別を日常的に受けたのをきっかけに、アフリカ民族会議（ANC）に参加した。

マンデラは、1955年にANCの会議に出席し、民主的で人種差別のない南アフリカを作ろうと宣言した自由憲章の採択にかかわると、翌1956年にはじめて裁判にかけられた。

この裁判は、1961年にマンデラの無罪で終わった。しかし、ANCは活動を禁止され、彼は地下活動を余儀なくされた。その後、さらなる弾圧が行なわれ、ANCは平和的手段による抵抗を放棄する決断をくだす。マンデラはANCの武装組織ウムコント・ウェ・シズウェ（民族の槍）の創設に協力。暴力がエスカレートするのを見越して、軍事訓練を受けた。軍事的・政治的支援を求めてアフリカやヨーロッパへも渡った。彼が南アフリカで進めた戦いは、貧困に苦しめられ、人間としての尊厳を奪われている現状に対する戦いであり、社会主義と多数派による統治を、その解決策として模索した。

1964年、マンデラは終身刑となり、過酷なことで知られるロベン島刑務所へ収監された。ここで彼は、看守たちに対して道徳的権威を確立し、時間をかけて刑務所をいわゆる「ロベン島大学」に変え、国家によって強引に犠牲者にされるのを断固拒否した。

1980年代なかばから、政府との秘密交渉がはじまった。しかしマンデラは、「人々の組織がまだ禁止されているのに、わたしにどんな自由をあたえようというのですか？」と言って、政府が事実上降参する以外は受け入れようとしなかった。1990年、彼は刑務所から釈放され、ANCはふたたび合法化された。

72歳の元囚人は、党員たちに、かつての敵と協力する必要があることを認めるよう、根気強く説得を続けた。ANCの指導者クリス・ハニが暗殺されて緊張が高まったときも、団結と和解をあらためてよびかけ、「今こそ南アフリカ人全員が結集し、クリス・ハニが命を捧げたもの、すなわちわたしたち全員の自由を、あらゆる方面から破壊しようとたくらむ者たちに反対すべきときだ」と訴えた。

1993年、アパルトヘイト撤廃に尽力したことにより、ノーベル平和賞を受賞。1994年、南アフリカではじめて実施された自由選挙で、マンデラとANCは圧勝して政権の座についた。

生年
1918年、トランスカイ、南アフリカ

没年
2013年、ヨハネスブルグ、南アフリカ

マンデラは、よく知られているように、アパルトヘイトのない民主的な南アフリカを作る運動を、最初は平和的に、その後はしだいに武力を用いながら推進し、そのため1964年に終身刑を言いわたされた。服役中も熱心に活動していたマンデラは、釈放後、新生共和国の初代大統領になった。

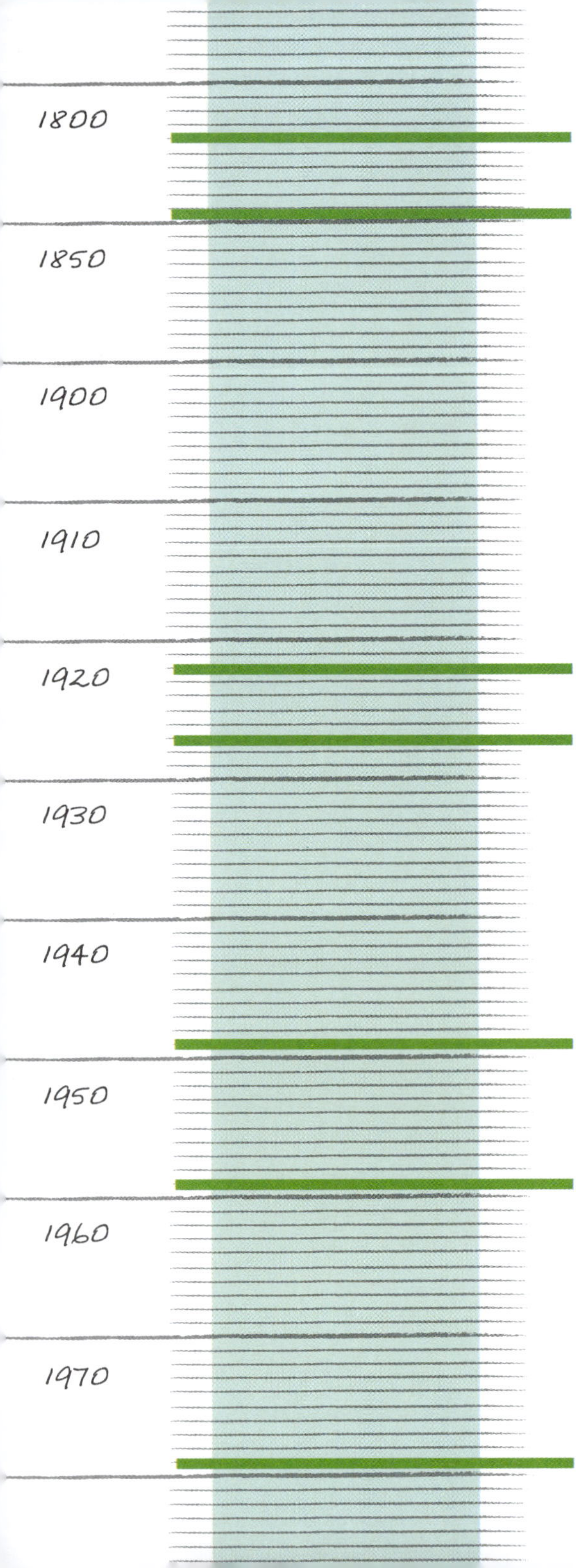

シモン・ボリバル、大コロンビア建国（1819年）

カール・マルクスと**フリードリヒ・エンゲルス**
『共産党宣言』（1848年）

ヴラジーミル・イリイチ・レーニン、ソヴィエト連邦の指導者に就任（1922年）

ヨシフ・スターリン、共産党書記長に就任（1922年）

アントニオ・グラムシ、20年の禁固刑の判決（1926年）

毛沢東、中華人民共和国建国（1949年）

フィデル・カストロ、キューバを掌握（1959年）

ルホラ・ホメイニ、イラン革命を指導（1979年）

第4章
革命家たち

政治の歴史は、たとえばイギリスの議会制度成立のように、少しずつゆっくりと変わっていく歩みを示すことがある。だがその一方で、ときには大激変が起こり、革命によってまったく新しい政治制度へ、暴力と流血をともないながら移行することも少なくない。ヨシフ・スターリンや毛沢東といった指導者たちは、政治の現実にひそむ、こうした暗黒面を如実に示す者たちである。

共産主義

共産主義とは、生産手段の共有により、人類が圧政国家からのがれ、階級のない調和のとれた社会で暮らせる政治制度をめざす思想だ。マルクス以前の時代にも、私有財産の否定を特徴とする共産主義的生活の実験が行なわれたが、大規模な政治運動としての共産主義は、マルクスとエンゲルス（90–91p参照）により定義された。

ふたりの思想の核となるのが、共産主義革命を起こして権力をブルジョワジー（資本家階級）から奪うことだ。こうした革命は、経済力がますます少数の手に集中し、それに比例してプロレタリアート（労働者階級）の数が増えていくと自然に発生するという。これによってプロレタリアートによる支配がはじまり、そこから共産主義が登場して世界中に広まっていくと考えられた。

レーニンは、マルクス主義をロシアの伝統的思考と融合させ、非常に中央集権化されて統制のとれた革命政党を作り、この体制を「民主集中制」とよんだ。ソ連領内での革命は1921年までにはゆるぎないものとなり、それに先立つ1919年には、レーニン主義に沿って革命を全世界で推進するため共産主義インターナショナル（コミンテルン）が結成された。しかし、組織と最終目標が決まったとはいえ、その方針はめまぐるしく変わった。ソ連国外のマルクス主義者たちは当惑しながらも、コミンテルンから出される矛盾した指令になんとか従おうと必死になった。ただひとつ一貫していたのは、ソ連共産党の画一的な態度だった。異なる意見を述べた者は追放された。第２次世界大戦後、共産主義とスターリンは国際的な威信を高め、それによってヨーロッパでは社会主義政党が選挙で躍進した。ソヴィエト連邦の西部国境沿いには、共産主義国家が次々と誕生した。1949年には、ついにアジアで大々的な革命が起こり、中華人民共和国が成立した。

しかし、ソヴィエト共産主義の画一的な体制は、やがて少しずつくずれていった。ユーゴスラヴィアでは、ティトー元帥の共産党が、第２次世界大戦中にレジスタンス活動を行なっていたため国民から熱烈な支持を受けていた。ティトーは、共産主義は革命なしで

「共産主義は、愛ではない。共産主義は、敵をたたきつぶすのに使うハンマーである」

毛沢東

も実現可能であり、ふたつの超大国の支配する世界は平和そのものへの脅威だと主張し、その声はソ連政府でも黙らせることができなかった。

毛沢東時代の中国は、スターリン主義の遺産を守ってフルシチョフ時代のソ連と決別し、単一のマルクス・レーニン主義的世界観をさらに分裂させた。さらに共産主義の画一性をゆるがしたのは、一部の発展途上国で非マルクス主義者が、共産主義のもつ急速な近代化へのメッセージに強烈な関心をいだいたことだった。経済発展へ向けた「資本主義ではない」新たな道が示されたのである。

フルシチョフの死後、ブレジネフによる長い停滞期が続き、チェコスロヴァキアとポーランドで起きた自由化の動きは弾圧された。ミハイル・ゴルバチョフが政権を担当するころには、ソヴィエト共産主義による経済実験は大失敗に終わり、東ヨーロッパの衛星諸国は混乱におちいっていた。

ゴルバチョフは改革を進めたものの、最終的にソヴィエト共産主義の崩壊をくいとめることはできなかった。中国でも、大々的な改革が行なわれた。1991年以降、民間企業は社会主義経済の「重要な構成要素」とみなされている。法の支配の原則も認められた。中国式共産主義は、21世紀のアジアでは依然として強力であり、今ではキューバのみが、うわべだけにせよソヴィエト共産主義の立場をとっている。

シモン・ボリバル
南アメリカを解放

Simón Bolívar

生年
1783年、カラカス、現ベネズエラ

没年
1830年、サンタ・マルタ、現コロンビア

「解放者」ともよばれるシモン・ボリバルは、民主主義の名のもと、南アメリカの約3分の1をスペイン支配から解き放った最初の自由の闘士だった。

ボリバルは、カラカスの裕福な家に生まれ、若いころ勉学のためヨーロッパへ送り出された。その地で彼は、ホッブズやヴォルテールやモンテスキューらの思想と出会った。言い伝えによると、ローマ滞在中に自分の運命を突然はっきりと悟り、「名誉にかけて、わたしはアメリカを圧政者から解放するまで休息しないことを誓う」と述べたという。

ボリバルは南北アメリカをひとつのまとまりと見ており、その考えを著書『ジャマイカ書簡』で詳しく述べている（彼はスペイン軍とたびたび戦って敗れているが、最初にベネズエラで敗れたときにジャマイカへのがれたことがあった）。彼は、みずからも壮大なアイディアだと認めているが、人種と言語と宗教と習慣によって結びついた「新世界の単一国家」をめざしたのである。

この理想に励まされ、彼はわずかな人数を率いて次々とみごとな軍事的勝利をおさめていった。ボリバルは、新世界での秩序として、肌の色や信条の違いをのりこえた強力な政府のもとで統一され、共通の陸海軍をもち、そして自由主義国であるアメリカとイギリス両国とは友好関係を結ぶ、巨大なアンデス国家を望んでいた。

ボリバルは、19世紀の革命家の元祖だった。すぐれた勇気と思いきった決断力をもった軍事指揮官であり、カリスマのある指導者であり、語り草になるほど情熱的な恋をした男であった。彼が声高に求めたのは、スペインからの独立であり、文化的ナショナリズムよりも自治であり、国家アイデンティティーの意識および軍事的な要求によって形成された境界内で立憲主義と自由を確立することであった。

権威と自由のどちらをとるかという問題で悩んだすえに、彼は強力な政府を心から支持するようになった。初期の政治文書「カルタヘナ宣言」では、ベネズエラ第一共和国が崩壊したのは強力な中央政府が存在しなかったためだと述べている。のちには、各地でスペイン軍に勝利すると、かならずそこでイギリスに範をとった自由主義的な政体を提案するとともに、みずから独裁者としての地位を築いていった。

とりわけ、対立者のいない強力な支配を実現するには終身大統領が必要だと固く信じていた。事実1824年末の時点で、彼は大コロンビア共和国の大統領とペルーの独裁者になっていた。またアルト・ペルー（高地ペルー）は、ボリバルの業績を記念してボリビアと名づけられた。

ボリバルの壮大な計画では、南アメリカでスペインが支配する諸地域を統合し、包容を指導理念として有能な中央政府が率いる統一国家を作ることをめざしていた。これを実現させるため、ボリバルは一連の戦争を遂行し、勝利の後で独裁者としての地位を築いていった。

カール・マルクスとフリードリヒ・エンゲルス

革命運動を理論化

Karl Marx und Friedrich Engels

マルクスとエンゲルスは、後世に続く革命理論を創始し、「歴史はすべて闘争階級の歴史であり、階級は経済的地位の産物だ」とする史的唯物論（唯物史観）を広めた。

マルクスは、ユダヤ系ドイツ人弁護士の息子で、貧困層の現状を自由主義の立場から批判したためプロイセン当局の怒りをかい、パリへ亡命した。1844年からは、紡績会社の経営者の息子エンゲルスの協力を得て、つづく100年間に世界政治を左右することになる思想を構築していった。

マルクスとエンゲルスの唯物史観では、経済的に優位に立つ階級が自分たちの利益を拡張できるよう社会の構造を決めていくと考える。それに対してプロレタリアート（労働者階級）は、労働の過程から疎外されており、その人間疎外を自覚したとき、革命に向けた準備が整うという。

マルクスとエンゲルスは、共産主義に直接つながる措置として、累進課税や義務教育など10の方策を提言した。これが記された『共産党宣言』は、「幽霊がヨーロッパをさまよっている。共産主義という幽霊が」という警告ではじまり、「万国の労働者よ、団結せよ！」という劇的なよびかけで終わっている。

ロンドンでマルクスとエンゲルスは、ブルジョワ（資本家）で構成される議会とならんで、プロレタリアートの意識を高める革命的な労働者委員会もなくてはならないと考えた。しかしふたりは、あくまで唯物論の立場をつらぬいて、革命をひき起こそうとする試みを非難し、経済が下降すれば革命は自然に訪れると主張した。マルクスは、革命を社会だけでなく人類そのものを変革させる過程と考えていたのである。

1867年、『資本論』の第１部が出版された。そのなかでマルクスは、剰余価値の理論を説いた。それによると、賃金は、大量の失業労働者の存在によって最低生活水準に抑えられているという。労働者は、もらっている賃金以上の価値を生み出しているのだが、その差つまり剰余価値は、雇用主に奪いとられている。しかも、より高度な生産手段を導入すると設備投資が増えるため利潤が減り、その差を埋めるために労働者は搾取される。そうマルクスは考えた。

マルクスとエンゲルスは、社会有機体は必然的な発展の道をたどると主張して、経済学と経営実務の分野に重要な貢献をした。ふたりは、いつか経済の避けられない力によって資本主義は崩壊し、より高度な社会形態にとって代わられて「収奪者が収奪される」ときが来るだろうと予言したのである。

生年
マルクス　1818年、トリーア、プロイセン
エンゲルス　1820年、バルメン、プロイセン

没年
マルクス　1883年、ロンドン、イギリス
エンゲルス　1895年、ロンドン、イギリス

マルクスとエンゲルスは、社会闘争を説明するため歴史に目を向け、主要な変化をひき起こしてきた決定的な力は、いずれの場合も経済的強者による利益の拡大だったとの結論にいたった。ふたりは、うちすてられた労働者たちを団結させて、必然的に訪れる革命への準備をプロレタリアートにうながす同盟組織を作ろうとした。

ヴラジーミル・イリイチ・レーニン

Vladimir Ilyich Lenin

ソ連を建国・指導

20世紀最初の専制支配者であるレーニンは、1917年にロシアで10月革命をくわだて、新たに生まれたソヴィエト社会主義共和国連邦を指導して内戦をきりぬけ、70年以上続く政権の全体主義的性格を確立させた。

ヴラジーミル・イリイチ・ウリヤノフは、1901年にレーニンと名のりはじめた。優秀な弁護士だった彼は、生涯を革命運動に捧げ、とりわけ帝政ロシアでマルクス主義革命が起きるのを正当化する思想の構築に取り組んだ。レーニンは、成長いちじるしいロシアの工業部門で農民労働者が搾取されている現状が、西ヨーロッパで革命の機を熟させるのと同じ状況を生み出していると主張した。

1902年の小冊子『何をなすべきか？』でレーニンは、「プロレタリアートの前衛」となる少数精鋭の戦闘的な党を構想した。この党が、革命が起こるのをただ待つのではなく、革命を導くのだとされた。

第１次世界大戦がはじまると、ほとんどの社会主義者が自国の戦争を支持したのを知ってレーニンは落胆したが、全世界が戦争に疲弊してくると、革命こそが公正で民主的な平和を実現する唯一の手段であると宣言。そのころ出した『帝国主義論』は、帝国主義を徹底的に批判する内容で、その後50年にわたって反植民地暴動の導火線となった著作だが、そのなかでレーニンは、資本主義の最終段階は、あくなき利潤追求の結果、かならず平和の破壊にいたると主張した。

1917年に最初の革命が起きた後でロシアへ戻ったレーニンは、自分の思想をふたたびあらためた。自由主義的な憲法制定会議に向かって、この会議では平和を実現することはできないと断言したのである。権力は、労働者の主導する組織ソヴィエト(評議会)にあった。レーニンは、ソヴィエトが国家権力を破壊する道具となり、プロレタリアートによる直接支配は、最終的に、国家権力が消えてなくなるというマルクスのユートピアへとつながっていくと考えた。彼は最初の革命を転覆させて、新たにソヴィエト政府を打ち立てた。

レーニンは、ロシアでの革命がきっかけとなってヨーロッパに革命が起こるものと思いこんでいた。しかし、1921年までにソヴィエト・ロシアは経済が壊滅状態におちいり、レーニンは経済復興のため、一種の代用資本主義である新経済政策を開始した。死のわずか１年前に書かれた『遺書』からは、党組織のさらなる改革を進めるつもりでいたことと、スターリンら同僚たちの権力に懸念をいだいていたことがうかがえる。彼の死後は、社会操作で人間性を変えられるとの絶対的な信念をもつ政治体制が残ったが、じつはそれこそ彼が作り上げた体制だった。

生年
1870年、シンビルスク（現ウリヤノフスク)、ロシア

没年
1924年、ゴールキ、ソ連

レーニンは、マルクスとエンゲルスの思想を受け継ぎつつ、資本主義制度はつねにより多くの利潤を貪欲に求めつづけたすえに幸福と平和をあやうくするものであるから、これを打倒する装置として、少数精鋭の革命政党を作るべきだと唱えた。

ヨシフ・スターリン
ソ連を専制支配

Iosif Stalin

生年
1878年、グルジア地方、ロシア帝国

没年
1953年、モスクワ、ソ連

おそらくは史上最悪の大量殺戮者であろうヨシフ・スターリンは、ソヴィエト連邦を強大な工業国へと強引に転換させ、最盛期にはアメリカに対抗できるまで国力を高めて冷戦をまねく環境を作った。

ヨシフ・スターリンこと本名イオセブ・ジュガシュヴィリは、貧困のなかグルジアで育った。共産党の書記長になると、徐々に専制的な権力を手中に入れ、それによって死までのおよそ30年間、権力の座に居つづけた。

正式な政治理論家ではなかったが、スターリンは、独裁的な権力と個人崇拝、および対立者に対する徹底した迫害を基盤とする政治制度にその名を残した。彼は権力の本質を鋭く見抜いたうえに、わかりやすい強力な政治的メッセージを巧みに作り出した。それは、亡きレーニンに対して彼が作り上げた疑似宗教的な個人崇拝に名を借りたもので、狂信によりむごくも正当化され、反対派を陥れるのに利用された。

プロレタリアートの蜂起がヨーロッパで失敗し、かつてマルクスが自信満々に予言した世界革命の可能性が消えると、共産主義理論の見なおしが進められた。革命を支え、スターリン体制下で共産主義が機能することを証明し、当時はまだ少数派だった工業労働者階級の勝利という最終目標へ向けてソヴィエト連邦国内で準備を進めるためには、経済の転換が不可欠だった。

マルクス主義理論と「一国社会主義」〔ソ連一国で社会主義が建設できるとした〕の名のもとに、スターリンは急速な工業化を実現させるための国家機構を作り上げた。農業の収穫量を増やして生産を産業化するという名目で、国内の農民2500万人が集団農場へ強制的に組みこまれた。抵抗する者は、他人を搾取して自分の利益を求めようとしているとして、ひとり残らず非難された。そうした者たちは銃殺されるか、強制収容所送りになった。

1930年代なかばになると、スターリンは階級闘争激化の理論を展開し、搾取を長年続けてきた者は、排除されそうになると短期間に危険度を増すと主張した。スターリンは常日頃から人民の守護者を演じてきた。批判者や対抗者だけでなく、しまいには将来そうなるかもしれないと思える人間さえも、彼にとっての敵のみならず国家の敵でもあると人々に思わせることができた。個人崇拝と結びついたスターリンの国家共産主義は、中国の毛沢東や北朝鮮のキム・イルソンなど、新たに登場する権力者たちが採用する方針になった。

スターリンは、情け容赦なく権力をつかむと、全体主義国家の恐るべき独裁者になった。ヨーロッパ全土で革命が失敗すると、スターリンはソヴィエト連邦を強力な工業国家として再建しようと考え、強制労働を導入し、自分の敵を粛清した。この強制労働も粛清も、すべて人民を守り解放するとの名目で行なわれた。

アントニオ・グラムシ
ヘゲモニー論を構築

Antonio Gramsci

生年
1891年、サルデーニャ島アーレス、イタリア

没年
1937年、ローマ、イタリア

イタリア共産党初期の中心人物だったアントニオ・グラムシは、その短い生涯をマルクス主義者として活動したが、そのこと以上に、文化研究と批判的理論の先駆者として、その死後数十年にわたってはるかに大きな影響をあたえた。

グラムシは、当初は社会主義者だったが、第1次世界大戦後に共産主義グループを結成し、1921年イタリアのゼネストに参加した。その後モスクワへ行って共産主義インターナショナルで18か月をすごしたのち、共産党を指導するため1924年に帰国した。しかし1926年に逮捕され、以後その死まで刑務所か病院で監視を受けてすごした。

獄中にいるあいだ、グラムシはマルクス主義革命を成功に導く状況について詳細な分析を行なおうとした。この分析結果は、のちに『獄中ノート』として出版されたが、彼の思想が広く知られるようになるのは第2次世界大戦後のことだ。彼は、とくにヘゲモニー（覇権）にかんする新たな理論を展開し、17世紀以降にヨーロッパ（および、のちにはアメリカもくわえた）各地で進んだ思想の交流がナポレオンの登場に道を開いたことを、次のように説明している。

「ナポレオン軍の銃剣は、自分たちの進む道が、18世紀前半以降パリから大量にあふれ出た書籍と小冊子の見えざる大軍によってすでに平らにならされ、必要に応じて修復できるよう人と制度が準備されていたことを知った」

資本主義は、ブルジョアの支配的な文化的ヘゲモニーによって支えられており、グラムシは、現在のように労働者階級がブルジョワ的価値観と一体となっている状況をあらためるため、労働者階級には独自の国際的な文化が必要だと主張した。グラムシは、労働者階級の経験を表現できる労働者階級の知識人を育て、それによって労働者階級の文化的ヘゲモニーの創造に貢献したいと考えたのである。

彼によれば、ブルジョワジーは、自分たちの経済的利害に直接関係がない場合でも、政治の領域を通じて労働者にタイミングをみはからって譲歩し、それによって市民社会を統制しつづけているのだという。これを変えるには、まず労働者が市民社会の統制権を勝ちとるか、せめて市民社会のなかでなんらかの立場を確保しなくてはならず、もしかすると最終的には、統制権を奪取するため暴力的な「運動戦」（機動戦）を行なわなくてはならないかもしれない。やがて市民社会が自分で自分を統制できるようになれば、政治社会は不要になるというのが、グラムシの考えであった。

グラムシの政治的キャリアは、1926年の投獄によって短く打ち切られた。しかし彼は、マルクス主義革命に必要な状況を特定することに主眼を置いて、ひたすら文章を書きつづけた。なかでもとくに、思想の世界でブルジョワジーに対抗できるようマルクス主義者の知識人集団を作ることが重要だと強調した。

毛沢東
中国に共産主義を導入

Mao Zedong

毛沢東は、個人崇拝と残虐行為と恐怖政治を利用して現代中国を思いのままに形作り、その過程で数千万人を飢餓と粛清で死に追いやった。1931年から中国共産党を指導し、1949年から1959年までは中華人民共和国の指導者をつとめた。その後も存命中は、大きな影響力を国におよぼしつづけた。

毛沢東は、中国共産党の設立メンバーである。1928年にはじまる蒋介石との戦争では、紅軍の分派を率い、1934年には長征で軍とともに中国北部まで撤退した。指導者として頭角を現すのは、ようやく1940年代に入ってからである。

同時代の仲間と比べ、経験も知的才能もおとっていた毛は、自分の方針は中国そのものについての知識にもとづくものだと宣言した。早い時期から、工場労働者ではなく農民こそが権力の源泉になれると考えており、農村部から都市を包囲するという毛独自の軍事戦術が成功したのも、農民からの支持があればこそだった。とにかく現実主義者であり、1930年代に日本が中国へ侵攻すると、毛はかつての敵である国民党と手を結び、1940年代には反帝国主義プロレタリア革命で共産党指導者の地位をとりもどした。

1930年代後半から毛は、ソヴィエト式マルクス主義から中国の現状に合わないと思われる部分を排除するマルクス主義の「中国化」について思想を展開するようになった。知的努力と肉体的努力の結合により、中国は貧困にうち勝って社会主義の高みに到達できると考えた。

1950年代後半には、大躍進政策を開始した。これは、急ピッチの5か年計画で、生産性の向上を産業の高度化に頼るのではなく労働力を大量投入することのみで達成しようと考え、すべての町村に小規模産業を育成するよう奨励するものだった。専門家に代わって党の理論に忠実なだけの一団が地方の意思決定を担当するようになり、毛は、これでかつてのような平等で素朴な時代が復活するものと期待した。ところが、推計で2000万人が飢えのために命を落とした。1961年、大躍進政策は撤回された。

1960年代なかばにはじまる文化大革命は、「走資派」［資本主義の復活をめざす勢力］が経済をまちがった方向へ動かそうとしているという毛の確信から生まれたものだった。これによって党の組織も改造され、政敵や批判者が都合よく追放された。この文化大革命によって、徐々に独裁的な中央集権体制が強化され、その体制は1976年の毛の死まで続いた。

生年
1893年、湖南省、中国

没年
1976年、北京、中国

毛沢東は1940年代に、マルクス主義を中国の問題点と文化に適合するよう修正した。彼は、すぐれた知力を腕力と結びつけた国を構想し、生産力の拡大では農民の役割と労働力の大量投入を非常に重視した。その政策により、数千万人が飢えで命を落とす一方、現在にも引き継がれるすさまじい個人崇拝が生み出された。

ルホラ・ホメイニ
イランに神権政治を確立

Ruholla Khomeini

生年
1902年、ホメイン、イラン

没年
1989年、テヘラン、イラン

シーア派の聖職者であるホメイニは、1979年のイスラーム革命でイランのパフラヴィー朝を倒し、反欧米の神権政治体制をイランに打ち立てた。その運動は、世界中のイスラーム教徒から賛否両論を受けた。

ホメイニ（当初の名はルホラ・ムサヴィ）の名が知られるようになるのは、皇帝モハンマド・レザー・シャー・パフラヴィー（パフラヴィー２世）が1963年に進めた「白色革命」に反対したのがはじまりだった。この白色革命とは、多くの部分でケマル・アタテュルクの思想を参考にして実施された一連の改革で、法制度と司法での政教分離を進め、教育を向上させ、女性の権利を認めることなどをおもな内容としていた。

聖職者たちは、この改革が自分たちの力を弱めるばかりか、これでは彼らが敬虔な暮らしと考える生き方をシーア派の一般信徒が送れなくなるとして、厳しく反対した。1964年、ホメイニは皇帝を批判したため国外追放になった。それから15年をかけて、彼は1979年の革命を形作る理論を構築した。

そのもっとも重要な思想は、信仰と政治を結びつけて「イスラーム法学者の統治」（ヴェラーヤテ・ファキーフ）という理念を生み出したことだ。彼は皇帝による親欧米的な統治に代えて、この法学者の統治を導入すべきだと訴えた。これは、従来のシーア派の教えとの断絶を意味していた。なぜならシーア派は、聖職者の影響に「開かれていること」だけを求めていたからである。正義の人は非道な政府と積極的に戦わなくてはならないという考えは、イラクやレバノンにあるほかのシーア派集団にも伝わった。当時シーア派は、イスラーム教徒全体の約５分の１を占めるにすぎず、しばしば社会の底辺に追いやられていた。またイランでは、地方から仕事を求めてテヘランに来たばかりの貧しい人々が数多くおり、彼らは家族や村から離れ、豊かな大都市に変わりつつある首都で不安定な日々を送っていた。

しかし、もしホメイニが、イランで成長しはじめていた中産階級の注目を得ることができなかったら、革命は起こらなかったかもしれない。当時の中産階級は、皇帝がなかなか権力を分けあたえようとせず、弾圧と拷問にますます頼るようになってきたことに不満をつのらせていた。彼らは以前から聖職者に批判的だったが、ホメイニ人気を利用すれば権力を手に入れることができるだろうと考えた。

ところが、1979年の革命から数週間後、ホメイニはイスラーム共和国の建国を宣言し、シーア派の正統的な教義からさらに離れて、国家にイスラーム法の実施を要求した。世俗派の反対勢力はすべて排除された。１年後、聖職者たちが起草した新憲法により、ホメイニは終身の政治・宗教指導者に就任し、すべての権威が最高指導者（ラフバル）に由来する政治的・社会的に保守的な政治体制が敷かれた。

ホメイニは、政教分離を進める親欧米的な皇帝をイスラーム革命で打倒し、イランの政治を根底から変えた。1979年の革命がはじまるまでの数か月間は寛容を求めるメッセージを説いていたが、権力をにぎると新政権はすぐに、イランをイスラーム法の厳格な解釈にもとづく神権国家へと変えた。

フィデル・カストロ キューバの共産主義政権を確立

Fidel Castro

生年
1926年、ビラン、キューバ

1959年にキューバの支配者となったマルクス主義者フィデル・カストロは、西半球ではじめて共産主義政権を率いた人物である。彼は革命をラテン・アメリカとアフリカへ広めようとし、高齢の現在は、ほかのラテン・アメリカ諸国の急進派から英雄視されている。

比較的裕福な家に生まれたフィデル・カストロは、大学時代に革命運動にのめりこんだ。1953年には、当時キューバを支配していたバティスタ将軍を打倒しようとして武装蜂起したが失敗し、2年間を刑務所ですごすという苦難を経験したこともある。

メキシコに亡命すると、1953年の武装蜂起にちなんで7月26日運動と名づけた組織を設立し、ゲリラ部隊の訓練をはじめた。1956年12月、弟ラウルと同志チェ・ゲバラのほか少数の戦士たちをひきつれて、彼はバティスタ政権と戦うためキューバに上陸した。2年におよぶ断続的な戦争と非常に効果的なプロパガンダ作戦のすえに、1959年1月1日、バティスタは亡命を余儀なくされた。

その6か月後、カストロは権力を掌握し、キューバ式のマルクス主義を導入しようと決意した。だが隣国アメリカの目には、土地の国有化とアメリカ資産の没収および一党支配は、どれもまさしく共産主義であり、しかもソヴィエト共産主義にほかならないと映った。

しかしカストロは、自分はシモン・ボリバルの知的後継者だと主張し、社会の不公平と戦うため、無料の医療・教育・福祉制度を導入した。完全雇用も保証された。しかし、政治的に意見を異にする者や反対派は抑圧された。刑務所は、カストロを批判した者でいっぱいになった。何人ものキューバ人が国外へ逃げた。

当時は冷戦期で、アメリカの支援と市場を失ったカストロは、ソヴィエト連邦に頼った。それに対してアメリカはカストロを失脚させようとして、亡命キューバ人部隊にピッグズ湾を攻撃させたが、カストロの軍隊に敗れて大失敗に終わった。

カストロは、数百万のキューバ人を貧困に追いこんでいた腐敗政権を倒したものの、経済改革では期待したほどの成果も、野心的な福祉政策の財源として必要な歳入も得ることはできなかった。

1980年代には、キューバは厳密な意味での非同盟国ではないものの、カストロは非同盟諸国のリーダーをつとめた。のちにソ連が崩壊すると、自由市場での活動をある程度認めざるをえなくなった。やがて健康問題に悩まされるようになり、2008年にはキューバの国家評議会議長職を辞し、3年後にはキューバ共産党の党首からも降りて、60年におよぶ政治活動に事実上の終止符を打った。

カストロは、腐敗した軍事政権の打倒に成功してキューバに共産主義国家を築いた。彼はキューバに正義と平等をもたらしたいと考え、福祉・雇用政策を実施した。その一方で、政治的に意見を異にする者や反対派は抑圧され、キューバの経済は苦境におちいった。ソヴィエト連邦崩壊で、カストロは自由市場での活動をある程度認めざるをえなくなった。

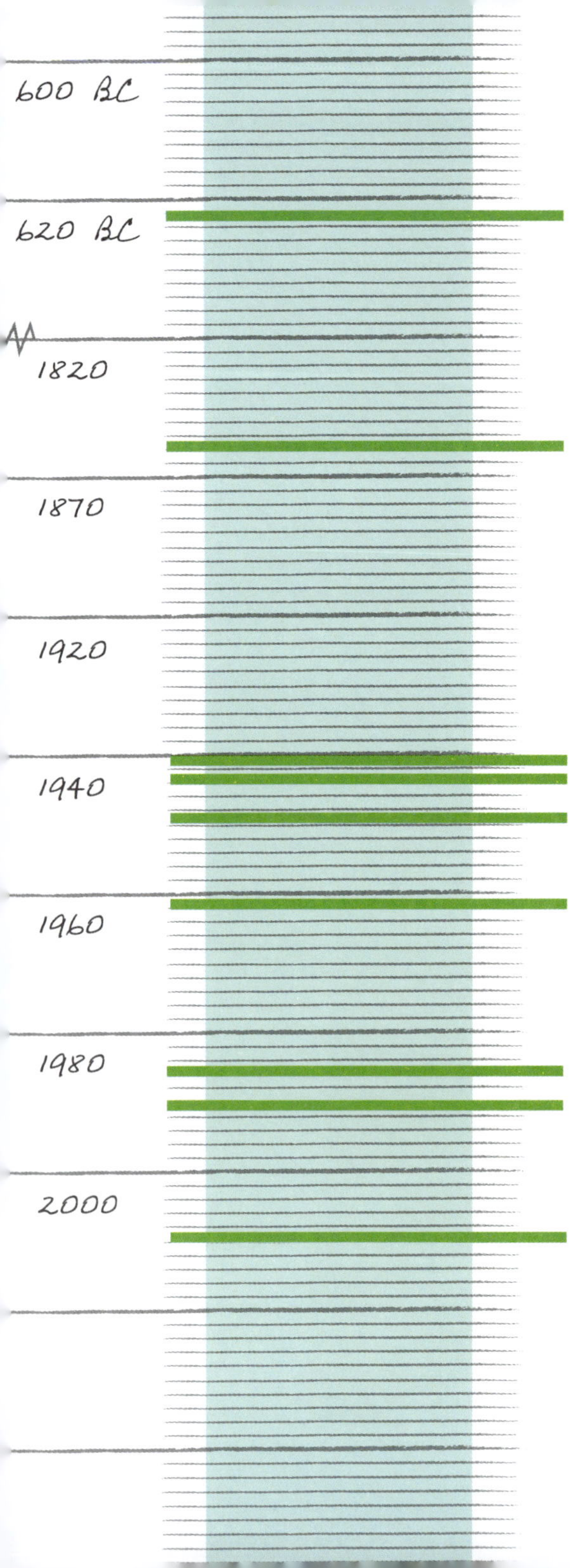

ムハンマド、メッカ征服（630年）

エイブラハム・リンカーン、アメリカ合衆国大統領に就任（1861年）

シャルル・ド・ゴール、自由フランスの指導者になる（1940年）

ウィンストン・チャーチル、イギリス首相に就任（1940年）

ジャワハルラル・ネルー、インド初代首相に就任（1947年）

マーティン・ルーサー・キング・ジュニア、「わたしには夢がある」の演説（1963年）

ミハイル・ゴルバチョフ、ソ連共産党書記長に就任（1985年）

レフ・ワレサ、ポーランド大統領に就任（1990年）

バラク・オバマ、アメリカ合衆国大統領に就任（2009年）

第5章
偉大な指導者たち

古今を通じて偉大な政治指導者たちは、抑圧を撲滅するためであれ、不公平な支配に立ち向かうためであれ、国を守るためであれ、共通の目的のために支持者を団結させようと奮闘してきた。そのためには、強力なカリスマと人の心をゆさぶる弁論術とを駆使して、人々とのつながりを築き、その心をつかむ能力が不可欠だった。

民主主義

民主主義（デモクラシー）は、「人民の支配」を意味する「デモクラティア」を語源とし、現代世界ではいちばんよい（あるいは、たんに「いちばんましな」というべきか）統治形態だと広く認識されている。民主主義は、個人の自由を守り、すべての国民が政治に参加する権利と道徳的義務とを行使できる制度である。

民主主義の理論は、前400年、古代ギリシアのペリクレスにはじまる。彼が行なった追悼演説には、民主主義国家について、次のような最古の説明がふくまれている。「その統治は、少数者ではなく多数者を優遇し、ゆえに民主政とよばれている。われわれが個人的な争いについて法に頼れば、法が全員に平等な正義をあたえてくれる」。つまり、財産や階級に関係なく、法に記された奪うことのできない権利によって支えられた制度なのである。

民主主義は、さまざまな問題を提示する。たとえば「投票権をだれにあたえるか？」「多数決の原理が優先されない場合はどうするか？」「少数派をどうやって守るのか？」等々の課題がついてまわるのだ。そのため、確立した憲法と、平和的な環境と、支持者の落選も受け入れられる選挙民とが必要とされる。

現代の民主主義は、アリストテレスの時代の、都市国家の境界内で完全な市民権をもった者（その数は、おそらく人口の10分の1程度）だけに限定された民主主義からは、まったくさま変わりしている。しかし、民主主義を個人の自由とはっきりと関連づけたのはアリストテレスであり、その考え方を17世紀にとりあげたのがロックである。ロックの著作がアメリカ合衆国憲法に影響をあたえる一方、フランスではモンテスキューが、公共善という概念を動機として人が行動することの重要性を指摘した。

19世紀、自由論者のジョン・ステュアート・ミルは、政府によって守られるべき基本的自由を定義した。その100年後、アメリカの哲学者ジョン・ロールズは、「最大多数の最大幸福」という自由民主主義の大原則に疑問を投げかけ、平等つまり社会正義こそ最優先で取り組むべきことだと主張した。エイブラハム・リンカーンの有名な「人民の人民による人民のための」政治という言葉は、その簡潔な響きとは裏腹に、民主主義が国民の支持の上に成り立つ非

「わたしは奴隷にはならないし、奴隷主にもならない。これが、わたしの考える民主主義だ」

エイブラハム・リンカーン

常に複雑な制度であることを暗に示している。

実践面で転換点となったのは、イギリス大内乱（ピューリタン革命）と、その後に選挙と選挙のあいだは政治参加を代議員に委任してもよいと認められるようになったことだ。18世紀末までにイギリスが君主制から限定的な民主制へと徐々に移行したことで、理論上の問題の多くに実践的な解答があたえられた。

理論の進歩でとくに大きかったのは、自由と平等を認めたことである。イギリスの政治制度が民主化される以前、アメリカはフランスの革命思想から影響を受け、奪うことのできない個人の権利を基礎において独自の民主的な政治制度を作り上げた。

民主主義の大きな強みは、さまざまな政治制度に適応できる点だ。主権が国民に存するかぎり、政府は自由至上主義（リバタリアニズム）から社会主義まで、どのような立場をとってもよい。しかし、どの政府も、正当性の根源である国民自身に手綱をにぎられている。

民主主義体制では支持を評価する方法として、さまざまな選挙制度が用いられている。民主主義でだれがどの程度の支持を得ているかを調べる方法には、さまざまなものがある。正確な政党支持率よりも地域代表の考え方を重視するなら、小選挙区制のような「勝者総どり」が最善の方法となる。投じられたどの一票にも最大の重みをあたえようとするなら、比例代表制の方が公正だろう。実際にはこのふたつの選挙制度のバリエーションが、ひとつの国のさまざまな政治レベルで代表を選ぶのに用いられている。

地球規模でテロの脅威が叫ばれている現在、民主主義の基盤である自由が、安全保障を名目にして攻撃にさらされている。個人の自由よりも個人の安全を優先させる考え方と、人々の懸念とが対立しているのだ。それと同時に、大規模な移民流入と自由主義経済学の勝利によって拡大した不平等の影響で、民主主義が機能するためのもうひとつの前提条件である、資源利用の機会均等があやうくなっている。

ムハンマド
イスラーム教の開祖

Muhammad

生年
570年頃、メッカ、アラビア

没年
632年、メディナ、アラビア

ムハンマドはイスラーム教を創始した。没後100年をまたず、その宗教はアラビアから北アフリカまで広まり、さらに南ヨーロッパやアジアにも伝わった。

ムハンマドは、メッカ（マッカ）の有力部族クライシュ族につらなる家に生まれ、早くに両親を亡くして孤児となった。幼いころから、何度か神秘体験をしていたという。カリスマがあり、正義感と誠実な暮らしぶりで尊敬されていた彼は、40歳になってはじめてコーラン（クルアーン）の啓示を受け、以後その啓示は生涯続いた。

中心となるお告げは、唯一神への信仰と偶像崇拝の禁止で、この教えに従うムハンマドと、少しずつ増えはじめた彼の信者たちは、カーバ神殿を守るメッカの有力者たちと対立するようになった。622年、ヒジュラ（聖遷）を行ない、ムハンマドはのちのメディナ（マディーナ）に移住した。

そこで彼はひき続きコーランの啓示を受ける一方、共同体の支配者として、異なる諸部族に神から授かった法と統治の制度をあたえて、共同体を拡大させていった。

初期に迫害を受けたことで、信仰と共同体は密接に結びついた。啓示は、個人と神との関係のほか、個人と社会との関係も指示している。メディナでムハンマドは、今もイスラーム教徒のあいだで理想とされている規約を作った。その規約では、共同体の利益が最優先とされた。共同体の目的は、善を進め、不和や腐敗による悪を撲滅することである。社会正義の実現を基本理念とし、生まれや財産による違いは、神の前の平等にとって代わられた。奴隷制度は明白に禁じられたわけではないが、奴隷は解放され、女性と子どもは保護され、女児の間引きは法で禁じられた。

軍事的勝利で対立部族をしりぞけ、忠誠心を高め、略奪による利益をあたえることができたからこそ、ムハンマドの共同体は存続することができた。それと同時に、宗教的な積極行動「ジハード」が、信者全員の中心的な義務になった。ムハンマドは、質素な生活を守りながら部族の指導者となり、他部族と友好関係を築き（その関係をしばしば婚姻で強化し）、ときには戦闘を行なって、襲撃の戦利品で支持者に報い、貧者を窮乏から救うため「喜捨（ザカート）」として税を徴収した。

メッカはイスラーム教と、やがて新たに形成されるアラブ世界の中心になった。初期にイスラーム教が広まった理由のひとつに、従来のように部族への忠誠を求めなかったことがあげられる。共同体にくわわるには、ムハンマドの教えに従うだけでよかったのである。

ムハンマドは、唯一神への信仰と偶像崇拝の否定を重視するイスラーム教を創始した。イスラーム教徒の共同体は、社会的・宗教的平等という教義のもとで統一され、イスラーム教は従来の部族の垣根を越えて急速に広まった。

エイブラハム・リンカーン
Abraham Lincoln

奴隷を解放

生年
1809年、ケンタッキー州ホッジェンヴィル、アメリカ

没年
1865年、ワシントン、アメリカ

エイブラハム・リンカーンは、アメリカ合衆国第16代大統領であり、多くの人からもっとも偉大な大統領だと考えられている。彼は奴隷制を終わらせ、南北戦争に勝利して連邦の統一を守り、共和党の基礎を築くのに尽力した。

貧農の息子だったリンカーンは、政治家を志し、20代でホイッグ党のイリノイ州下院議員となり、その直後に弁護士資格をとった。1846年には連邦下院議員になった。

19世紀アメリカの奴隷制度は、政治理論家の頭を悩ませる問題をいくつも生んでいた。リンカーンは、憲法の諸原則は憲法そのものに先立つものだと考え、その原則によれば、すべての人は生まれながらに平等であり、同意のある場合にのみ統治を受ける権利を有するのだから、奴隷制度はまちがいだと確信していた。しかし、憲法では奴隷制度が明確に禁じられていないため、各州が独自に奴隷制度を維持するのを容認せざるをえなかった。

リンカーンは、奴隷制度は正義に反するのみならず、経済発展の足かせでもあると考えていた。自由民による労働と奴隷制度拡大反対が彼の基本理念であり、そのため、1854年のカンザス＝ネブラスカ法には、これがアメリカ合衆国のカンザス準州とネブラスカ準州に奴隷制を認めることになるとして反対した。

議論に敗れはしたものの、彼は共和党の大統領候補指名を勝ちとり、1860年11月に同党初の大統領当選者になった。ところが大統領就任直前、南部諸州が連邦から離脱し、アメリカ連合国（南部連合）を結成した。就任から数週間後には南北戦争がはじまった。

リンカーンは、和平への道を一貫して開いておこうと考え、自分は南部に存在する奴隷制に賛成するのでも反対するのでもなく、ただ連邦を守ることだけを支持すると述べた。1863年の奴隷解放宣言も、連邦軍が戦う南部連合の支配する州にいる奴隷のみを自由にするという内容だ。しかし、この宣言は象徴として非常に重要な意味をもった。これで戦争に大義名分が生まれ、リンカーンは奴隷解放宣言を憲法修正第13条にするのに必要な支持を集めることができた。

もっとも有名な1863年秋のゲティスバーグ演説で、リンカーンは合衆国の戦争目的をわずか271語で述べている。その目的とは、自由な国家と「人民の人民による人民のための政治」を維持することであった。

南北戦争に勝ち、大統領再選も果たしたリンカーンは、２期目の就任演説で「だれに対しても悪意をいだかず、すべての人に慈愛をもった」平和を約束した。しかし、その数週間後に暗殺された。

リンカーンは、憲法で確立された、すべて人間は平等に作られているとの考えを強く支持し、それゆえにアメリカの奴隷制度はまちがっているとの信念をいだいていた。奴隷の地位をめぐる対立は南北戦争をまねいたが、リンカーンの決心はゆるがず、ついに奴隷制を終わらせて北部と南部を統合した。

ウィンストン・チャーチル
Winston Churchill

大戦下のイギリスを率いる

生年
1874年、ウッドストック（オックスフォードシャー）、イギリス

没年
1965年、ロンドン、イギリス

1940年から1945年までイギリスの首相をつとめたウィンストン・チャーチルは、民主主義と自由世界をファシズムから守り、今なお戦時指導者としてその名を広く知られている。

生まれながらの貴族であるチャーチルは、保守党の偉大な民主主義者だった。彼によれば、平時において民主主義とは、勝ちとらなくてはならない自由であり、勝ちとっても特定の条件でしか行使できない自由であった。また帝国とは、いずれ遠い未来にすべての人が自治の能力を身につけるときが来るまで、全臣民の権利を保護する守護者であると考えていた。その遠い未来がいつどのような形で訪れるかは、チャーチルの関心事ではなかった。

所属政党を保守党から自由党に変え、ふたたび保守党に戻ったが、それでもチャーチルは、自分の信条は一度たりとも変わったことはないと、たびたび主張した。いわく、「社会主義は富裕層をひきずり下ろそうとし、自由主義は貧困層を引き上げようとする。［中略］社会主義は規則を称賛し、自由主義は人を称賛する。社会主義は資本を攻撃し、自由主義は独占を攻撃する」

チャーチルは、大臣職になかった1930年代、ヒトラーによるドイツ再軍備の危険性を歴史的視点からとらえ、ヨーロッパで一国だけが優勢になるのはつねにイギリスの国益に反することだったと指摘した。近代戦の恐怖にひるむことなく、チャーチルは戦時指導者としてみずからの「最高のとき」を迎えた。彼は、全世界を意識した類まれなる演説力で、ヒトラーとナチが挑んできた戦いの本質と、それに対する自由世界の対応を明確に言い表した。

この大戦はだれもが支持していたわけではなかったので、彼は戦争への支持を集めるため、民主主義を圧政に反対する理想として描いた。民主主義をとる国々は戦友であり、同胞といってよいほど親密な関係にあると唱えたのである。アメリカには民主主義を助けに来るよう公の場でくりかえし訴え、その結果、イギリスを帝国主義大国として敵視してきた従来のアメリカの態度をついにあらためさせ、この英米関係を軸にチャーチルは、インドの独立運動家さえもとりこんだ連合を築き上げた。

この大戦は自由を求める戦いだとの考えは、説得力が非常に強く、ヒトラーに匹敵する独裁者スターリンと同盟してもそこなわれることはなかった。ソ連との提携をチャーチルは国民どうしの同盟とよび、そのイメージを守るため、ドイツに攻めたてられ、包囲さえされているソヴィエト国民に、多額の費用をかけて物資を提供した。

戦争が終わるとチャーチルは、アメリカをヨーロッパの民主主義を守る国として引きとめたいと考え、ソ連がヨーロッパに鉄のカーテンを引いたと言って警告した。以後、政界から引退するまで、共産主義を封じこめることで民主主義を守ることに関心をよせつづけた。

チャーチルは、老練な政治家にして確固たる信念をもった民主主義者であり、第２次世界大戦中にイギリス首相として活躍した。そのカリスマと演説力は、ナチの圧政と戦う際の中核となり、自由のための戦いを象徴するものになった。

ジャワハルラル・ネルー
独立後のインドを牽引

Jawaharlal Nehru

生年
1889年、アラハバード、インド

没年
1964年、ニューデリー、インド

インド独立運動の指導者のひとりネルー（ネへルー）は、1947年にインドの初代首相となり、外交では非同盟主義を唱えたことで知られている。娘インディラと孫のラジヴも、のちに首相になった。

ジャワハルラル・ネルーは、かつて冗談で、わたしはインドを支配する最後のイギリス人だと言ったことがある。代々弁護士と行政官を輩出してきた裕福な家に生まれたネルーは、イギリスの名門ハロー校とケンブリッジ大学で学び、法廷弁護士となる教育を受けた。

インド帰国後、すぐに彼と父親は、ガンディーがインド支配の非道な仕打ちに抵抗しようと訴えていたのに魅かれ、ふたりでガンディーのグループにくわわった。

ガンディーは、若いネルーの急進的な態度に目をつけ、若い世代の知識人から支持を集めるのに利用した。ネルーは、インド国民会議内部でまたたくまに地位を高め、1929年には議長に就任。1930年代なかば以降は、ガンディーの後継者と目されるようになった。

ネルーは9度、イギリスによって投獄されている。それでも親英的な態度は変わらなかったが、ガンディーが1942年にイギリスの即時撤退を求めたときは、不本意ながらもこれを支持した。この即時撤退要求により国民会議の幹部全員が投獄されたが、これがネルーにとっては最後の獄中生活になった。

1947年に世界最大の民主主義国の初代首相になったネルーは、政治と宗教に代わって科学と精神性の時代が来たと宣言。理想主義者というより家父長主義者だった彼は、「国家主導」の社会主義を採用した。これは、民主主義と統一および世俗主義とならぶ基本理念となり、これによってインド国民に豊かさをもたらすのに必要な近代化を進めようとした。

しかし、これはかえって上からの変革がもつ弱点を明らかにする結果となった。社会改革政策を実施しても、女性や不可触民に対する国民の態度は変わらなかった。国営企業は、お役所的で効率も悪く、国家経済は外国からの支援がなければ立ち行かないまでになった。その一方で、国内各地にインド工科大学を設立し、これが現代インドの技術革命を育む役割を果たした。

17年間首相の座にあったネルーに対して、今ではさまざまな批判もあるが、誠実で社会問題に関心をいだき、帝国主義者であるイギリス人と同じ政治的言語を話すことのできたネルーは、独立から現在まで民主主義体制を維持している国家の揺籃期をみごとに指導したのだった。

ネルーはガンディーの門下生であり、イギリスからインドに帰国したのち、1929年にインド国民会議の議長になり、のちに首相にもなった。彼は伝統の力と戦いながら、独立直後のインドをみごとに導いた。

シャルル・ド・ゴール
フランスの国益を擁護

Charles de Gaulle

シャルル・ド・ゴールは、1940年5月にナチがフランスを占領するとレジスタンスを組織し、1944年には「自由フランス軍」を率いてパリに入城した。戦後、フランス臨時政府の主席になるが、憲法の欠陥に抗議して1946年に辞任。1958年、第5共和政の初代大統領になった。

イエズス会の学校教師を父にもつド・ゴールは、第1次世界大戦では軍人として功績を上げるものの、捕虜になって終戦を迎えた。軍務に復帰すると、型破りだが思慮深い男との評判を勝ちとり、リーダーシップのあり方や、陸軍を近代化・専門化する必要について、発言と執筆をくりかえした。

1940年、ドイツ軍がパリに近づき、ペタン元帥が休戦協定の準備をはじめると、ド・ゴールはロンドンに亡命した。その後フランス内外で同盟組織の設立に着手し、それによってフランスは自由をとりもどすのにフランス自身が一定の役割をになうことができた。

しかし、強力なリーダーシップを支える憲法が必要だと確信していたド・ゴールは、政治家たちと対立し、1946年に政界から引退した。1958年に政界へ復帰すると、大統領の権限を強化すべきだと主張し、1962年、賛否が分かれるなか、憲法を改正して、大統領の直接選挙をもりこんだ第5共和政憲法を成立させた。

ド・ゴールは、なかば君主政のスタイルをとりながら、「栄華」を回復しようとした。彼は、世界中に広がりつつあった軍事的・経済的同盟のネットワークから距離を置いた。ヨーロッパ経済共同体（EEC）には参加したが、国の権限を侵害する試みにはすべて反対した（ただし、フランスの農家に多大な利益をもたらした共通農業政策は例外だった）。

切迫していたアルジェリア独立問題にも対処しなくてはならなかったが、ド・ゴールはフランス領アルジェリアを領有しつづけることは不可能だと考えていた。アフリカのフランス領植民地に独立を認め、カナダへ行って「自由ケベック万歳」と叫んだことで、彼は反帝国主義の英雄になった。

1968年、学生と労働者による抗議運動が全国各地で発生した。危機がピークに達するなか、ド・ゴールは、アナーキストや共産主義者による暴動を鎮圧するのに必要な軍の支援を受けていると表明した。平穏が戻り、妥協が成立した。翌年、ド・ゴールはさらなる憲法改正を提案したが否決され、大統領を辞任した。

生年
1890年、リール、フランス

没年
1970年、コロンベ＝レ＝ドゥー＝ゼグリーズ、フランス

ド・ゴールは、ナチの侵略後にフランス軍を率いて自由を求める戦いを指揮した軍人であり、戦後は最初の国家元首になった。強力な指導者であり、フランスを独自の路線を行く大国にしようとして、既存の同盟から距離を置き、植民地に対する支配を弱めた。

マーティン・ルーサー・キング・ジュニア

Martin Luther King Jr.

公民権運動を指揮

生年
1929年、ジョージア州アトランタ、アメリカ

没年
1968年、テネシー州メンフィス、アメリカ

1950年代にはじまるアメリカ公民権運動の指導者だったマーティン・ルーサー・キング・ジュニアは、法的差別に反対する運動を起こして成功させ、黒人白人をとわず多くの世代のアメリカ人に不正と戦う勇気をあたえた。

キングがはじめて取り組んだのは、アラバマ州モントゴメリーの公共交通機関における差別反対運動だった。ローザ・パークスが白人の乗客に席をゆずるのを拒否したことで逮捕されると、彼は公共交通機関のボイコットを組織し、新たな抵抗の時代の幕開けを告げる次の演説を行なった。「何年ものあいだ、わたしたちは驚異的な忍耐を示してきました。[中略] しかし、わたしたちが今夜ここに来たのは、わたしたちを自由と正義がなくても我慢できる人間に仕立てている、その忍耐から抜け出すためなのです」

モントゴメリーでの運動が成功すると、彼は活動拠点として南部キリスト教指導者会議を設立した。ここは、当初は国内運動の拠点にすぎなかったが、やがて黒人と白人のあいだの正義実現に向けた国際的な運動拠点になっていった。

キングは、自分自身の動機を強烈に意識していた。「わたしは、歴史の曖昧さに対する最終的な解答として絶望を受け入れることを拒否する。人類の現在の状態が『こうである』せいで、人類はたえず目の前にある永遠不変の『あるべき姿』という高みに達することが道徳的にできないという考え方を、わたしは受け入れることを拒絶する」

テレビという新しいメディアと、ますます繁栄を続ける国民のあいだで高まってきた向上心とが、キングに格好の演説場所を用意した。1963年、全員への平等な正義を求めてリンカーン記念堂に集まった20万人を前に、キングはもっとも有名な演説「わたしには夢がある」を行ない、群衆を感動させた。

1964年、公民権法が成立して連邦政府が差別撤廃を強制できるようになった。この年、公民権運動への貢献によりノーベル平和賞を受賞する。1965年には投票権法により南部の黒人に参政権を付与する法的基盤が作られた。

晩年キングは、マルコムXなど急進的な黒人指導者から、非暴力抵抗運動は生ぬるいとして攻撃を受けるようになった。また一部のアメリカ政府関係者からは、共産主義者の政府転覆活動だと非難され、そうした声は、とくにベトナム戦争反対運動にくわわり、運動を貧困問題にも広げるようになってからは、いっそう強くなった。

キングは、1968年にメンフィスで暗殺された。亡くなる前の晩に、彼は次のように語っている。「わたしはみなさんと一緒にそこまで行けないかもしれないが、でも今夜みなさんにはぜひ知っておいてもらいたい。いつの日かわたしたちは、ひとつの民として約束の地へたどり着けるということを」

いまや伝説となっている、人種間の平等と正義を求めて**キング**がはじめた戦いは、公共交通機関のボイコットからはじまり、やがて自由を求める全国規模の運動へと発展していった。人に勇気をあたえる指導力と、説得力に満ちた話術で、彼は新たな法律を作る基礎を築いた。しかし、急進派からの攻撃にさらされ、1968年に暗殺された。

ミハイル・ゴルバチョフ
グラスノスチを推進

Mikhail Gorbachev

激動の６年間で、ミハイル・ゴルバチョフは冷戦を終結させ、一連の勇気ある政治・経済改革にのりだした。ソ連が「権力をふりまわす」のをやめさせたいと考えた彼は、東ヨーロッパ諸国がソ連圏から抜け出すのを容認したが、ソ連邦を維持するという目的は果たせなかった。

農民の息子だったゴルバチョフは、1980年に49歳の若さで政治局の正局員となり、その５年後には書記長に就任した。

海外旅行の経験から、ゴルバチョフはソ連の生活水準が西側に比べ、どれほど遅れているかを痛感していた。また、国民総生産の４分の１を占める軍事費がソ連経済を圧迫していることにも気がついていた。

1990年にノーベル平和賞を受賞したとき、その受賞演説でドイツ人哲学者カントの言葉を引用し、カントは人類がいつの日か「一致団結して諸国家の真の連邦を結成するか、あるいは、人類の絶滅で終わる全滅戦争で滅びるか」の二者択一を迫られると予言したと語った。ゴルバチョフは、世界はまさにそうした試練のときに立たされていると感じていたのである。

もともとゴルバチョフは、「新思考」でソ連の既存の制度を救えるのではないかと期待していたが、彼のはじめたペレストロイカ（経済の建てなおし）とグラスノスチ（政府の情報公開）は、ソヴィエト経済の崩壊をくいとめるには不十分だった。

そもそも「新思考」とは、急激な自由化ではなく、従来のものに代わる新たな正統イデオロギーを生み出そうという試みだった。ゴルバチョフは、欧米風の魅力と若々しいエネルギーをそなえていたにもかかわらず、自分は今も昔もマルクス・レーニン主義者だと断言した。彼の望みは、改革をなしとげて、ソヴィエト経済を西側経済にふたたび対抗できるようにし、ソ連をあらためて真の超大国にすることだった。

しかし、彼が戦った相手は、意見の違いを弾圧や流血で解決してきた旧体制だった。改革を実行に移すには、時間があまりにも少なすぎた。改革がひき起こした経済的混乱は敵意をかき立て、彼は保守派と、のちに彼の後継者となるボリス・エリツィンなど急進派とのあいだで板挟みになった。1991年12月25日、ゴルバチョフはソヴィエト連邦を解体した。そのとき彼は、こう述べた。「わたしたちは、新しい世界に生きている。すでに冷戦は終わった」と。

生年
1931年、プリヴォリノエ村、ソ連（現ロシア）

ゴルバチョフは、ソヴィエト連邦の歴代指導者のなかで、西側と和解してソ連統治のあり方を変える必要があることにはじめて気づいた人物だった。ただし彼の「新思考」は、ソ連の社会主義国としての根本を維持し、世界の大国として復活させることをめざしていた。しかし、資本主義の種はすでにまかれ、1991 年にソヴィエト連邦の時代は終わりを告げた。

レフ・ワレサ
自主管理労組「連帯」を創設

Lech Wałęsa

生年
1943年、ポポヴォ、ポーランド

レフ・ワレサ（ヴァウェンサ）は、もともと造船所の労働者だったが、共産主義圏に入っていたポーランドで初の自主管理労働組合「連帯」を結成し、祖国を共産主義から解放した。彼のリーダーシップは、ソヴィエト帝国そのものの崩壊にも貢献した。

レフ・ワレサは、バルト海に面する都市グダニスクのレーニン造船所で、電気技師として訓練を受けた。少年のころ1956年の食糧暴動を目撃し、青年期には1970年の食糧暴動に参加したが、この暴動では数十人のデモ参加者が警察に射殺された。その後も反政府活動にくわわり、そのため1976年に職を失った。

1980年８月、ポーランド政府は食料品の値上げを示唆した。グダニスクの労働者たちがストライキを開始すると、これにワレサは（封鎖されていた造船所の包囲網を破って）合流し、労働者たちの首席交渉担当者になった。ストライキは広がり、10月には、ポーランド中の労働組合と知識人に、政治的背景をとわずさまざまな反政府勢力をくわえた連合組織「連帯」が結成された。ワレサは、ポーランド国民が口にできない秘めた思いにこたえ、政府があらゆる手段を使って反対派を抑えこもうとしても勇気をもって運動を続けたことで、ポーランド国民をひとつにまとめていった。

ワレサは、ほかの数千万の同胞たちと同じく、非常に敬虔なカトリック信者だった。1979年、ポーランド出身のローマ教皇が、母国へ歴史的な訪問をした。教皇はポーランド国民に、ポーランド人であるとはどういうことかを思い出させ、労働者と知識人をつなぐ橋を提供した。これが、のちに「連帯」が生まれるきっかけのひとつになった。ワレサも、この訪問が共産主義体制崩壊につながる一連の出来事のはじまりだったとつねづね語っている。

1981年なかば、「連帯」はだれにも止められないかのように見えた。ところが1981年末、「連帯」の指導者たちが（ワレサもふくめて）投獄され、電話線が切断され、戒厳令が敷かれ、これで「連帯」も終わったかに思われた。しかし、やはり「連帯」を止めることなどできなかった。政府は、たえず「連帯」の記憶におびえ、統治の正当性をとりもどすことができなかった。1984年、ワレサはノーベル平和賞を受賞したが、出国できなかったため授賞式は欠席した。1989年６月、初の自由選挙が実施されると、「連帯」は大勝して政権の座につき、1990年にレフ・ワレサは大統領になった。

平和的な反政府活動のリーダーとしては存分に手腕を発揮したワレサだったが、その資質は大統領職には向かなかった。彼がいだいていた保守的な社会主義思想は時代の精神に反するものだったし、けんか腰な交渉スタイルは、共産主義政権を恫喝するには有効だったが､民主主義体制では弱い者いじめのようにみなされた。1995年、２期目をめざして立候補したが、当選することはできなかった。

ワレサは、共産主義国だったポーランドで造船所の電気技師として働いていた。労働者がストライキをはじめると、彼はリーダーとなり、のちには、労働組合と知識人が反政府感情と共通の信仰とで結ばれた連合組織「連帯」の結成に尽力した。数年の闘争ののち、ついに「連帯」は権力の座につき、ワレサは大統領になった。

バラク・オバマ 人種の壁をのりこえる

Barack Obama

生年
1961年、ハワイ州ホノルル、アメリカ

2008年11月4日、バラク・オバマは共和党候補ジョン・マケインを破ってアメリカ初の黒人大統領となり、アメリカ政治に新たな時代の到来を告げた。その当選は、約50年前に公民権運動としてはじまった黒人の権利拡大運動の頂点を示すものとして、世界中から祝福された。シカゴでは、12万人がグランド・パークに集まるなか、オバマは、この勝利はアメリカにとって真の変革を決定づけた瞬間になるだろうと宣言した。

オバマは、彗星のごとく現れて大統領の座まで一気に駆け上がった。その4年前、まだ比較的無名だったときに、その年の民主党全国大会で演説を行ない、高い志と独立独歩の精神が大事だと訴え、そもそも自分の父親がアメリカに来たのは、全員にチャンスがある国だと聞いていたからだと語って、聴衆を大いに感動させた。

オバマは1961年、ケニヤ人男性とカンザス出身の白人女性とのあいだに生まれた。ハワイで祖父母に育てられたのち、コロンビア大学で政治学を専攻し、さらにハーヴァード・ロー・スクールで法律を学び、黒人としてはじめて同校の紀要「ハーヴァード・ロー・レヴュー」の編集長をつとめた。卒業後は、シカゴで地域活動家や公民権専門の弁護士として働き、1996年にはイリノイ州上院議員になった。

政治姿勢はおおむねリベラルで、大統領就任時は公約として、アメリカ経済を復活させ、だれもが利用できる医療保険制度を作り、公教育を充実させ、イラクで続いている戦争を終わらせ、気候変動に取り組むと約束した。2009年には、「核なき世界」を構想し国際社会へ働きかけたことが評価され、ノーベル平和賞を受賞した。

政治家としてのオバマのキャリアは、今のところ非常に順風満帆で、2012年には大統領再選を勝ちとった。しかし、論争や問題がないわけではない。たとえば以前、彼が所属していたシカゴのトリニティー・キリスト合同教会の元牧師ジェレマイア・ライトが9・11テロ事件について「自業自得」と語ったことが明らかとなり、批判を受けたことがある。大統領になってからは、下院で多数を占める野党共和党の協力が得られず、政策を思うように進められずにいる。また、優柔不断であるとか、本来のリベラルな立場から離れているなどとして、非難されることもある。

オバマ大統領の2期8年が成功だったかどうかは、いずれ歴史が判断することとなる。現時点では、アメリカ合衆国初の黒人大統領であることを評価するにとどめておこう。

オバマは、アメリカ初の黒人大統領として歴史に名を残した。彼は、「わたしたちはできる」というキャッチフレーズと、徹底的で積極的なリーダーシップを発揮するのではとの期待で支持を集め、公約として景気回復だけでなく、アメリカのイメージを世界的に変えることになる福祉政策と平和外交も約束した。野党共和党から激しい反発を受けたものの、2012年には2期目の当選を果たした。

用語解説

アパルトヘイト：南アフリカで1948年にはじまった政治制度。これにより、少数派であるアフリカーナ人（白人）による支配を法律で認め、多数派である黒人の基本的人権と自由を奪った。1994年にようやく廃止された。

一党制：ひとつの政党のみに、組閣や選挙での候補者擁立が許されている政治制度。

拡張主義：国家が、通常は軍事侵攻という手段を用いて、自国の領土を拡張しようとする考え方。現代の拡張主義は、自国の経済力を拡張させることを目的とした市場操作という形をとることが多い。

共産主義：カール・マルクスによって理論化された政治制度。生産手段を共有することで搾取から解放されると説く。

共和制：主権が最終的に国民にあり、君主ではなく大統領を国家元首とする政治制度。

計画経済：社会主義と結びついた経済制度。政府が資本の流れを管理し、多くの場合、企業を国有化し、雇用水準を維持するため不採算企業を支援し、商品の生産と供給をノルマによって管理する。

啓蒙思想：17～18世紀の思想運動。理性と個人的自由を重視し、既成宗教の束縛を拒否した。

公民権：その国の法律によって個人に保障された、守られるべき自由のこと。これに対し、人権とは、政治権力に関係なく普遍的に認められる権利をさす。

社会契約：ある国家の国民どうしが、自分たちのもつ自由の一部を国家に譲渡し、全員の利益のため協力することをとりきめた暗黙の合意のこと。

社会主義：革命思想ではなく民主主義的な政治思想としての社会主義は、平等と正義を重視し、生産手段をすくなくともある程度は共同所有にすべきだと主張する。

自由至上主義：政治学派のひとつ。政府のおもな目的は個人の自由を守ることであって、それ以外にはないと主張する。「リバタリアニズム」とも。

自由主義：個人の自由を重視する政治思想。同時に平等と正義を重要視することも多い。

受動的抵抗：非協力や平和的抗議活動など、あきらかに非暴力的である手段で政治の現状に抵抗すること。

植民地主義：ある国が自国の統治権をほかの国に押しつけ、それによって先住民を隷属させたり排除したりすること。

政治権力：社会のなかで、他の人々の行動に実際に影響をあたえ、左右する力。

全体主義：全体主義的体制は、国家が人々の公的生活と私的生活のあらゆる側面に不当に介入してくることを特徴とする。

世俗主義：厳密にいえば、世俗主義とは政教分離（政府と宗教組織の分離）をさすが、宗教への信仰心や宗教儀礼が廃れていること（あるいは、その影響がおとろえていること）をさす場合もある。

ナショナリズム：民族国家をほかのなによりも高く評価し、国民に絶対的な愛国心を求める考え方。

ファシズム：20世紀前半のヨーロッパで顕著に見られた全体主義的政治思想。強い指導力と国家礼賛を重視した。

フェミニズム：男女間の制度的・経済的平等の実現を求める運動。

プロパガンダ：忠誠心をよび起こすため、大衆の事実認識や信条を操作しようとすること。

プロレタリアート：マルクス主義理論でプロレタリアートとは、自分の労働力しか所有していない労働者階級をさす。

保守主義：既存の社会制度がもつ永続的な特徴を重視する政治思想。過去との完全な断絶ではなく、ゆっくりとした漸進的変化を支持する。

民主主義：「人民の支配」という意味の「デモクラティア」を語源とする。個人の自由を守り、すべての国民が政治に参加する権利と道徳的義務とを行使できるようにする制度。

民族国家：国民が共通の文化的・民族的アイデンティティーで統合されている主権（独立）国家。

ワッハーブ派：イスラーム教スンナ派に属する厳格な宗派。サウジアラビア王国で支配的な宗派であり、事実上、神権政治（宗教原理にもとづく政治）に等しい同国の政治体制の指導イデオロギーになっている。

索引

＊項目になっている人名の項目ページはここにふくめていない。

アメリカ独立革命　28
イギリス大内乱　20, 107
イスラーム教　39, 48, 56, 76, 100, 108
異端審問所　52
エンゲルス、フリードリヒ　68, 90
オーエン、ロバート　68
オスマン帝国　58, 62, 76
カトリック　22, 32, 52, 54, 56, 122
共産主義　9, 10, 34, 39, 68, 72, 86-7, 90, 94, 96, 98, 102, 112, 118, 122
キリスト教　8, 30, 32, 40, 46, 48, 52, 56, 118
公民権運動　118, 124
国民党（中国）　72, 98
シオニズム　78
資本主義　34, 68
社会主義　9, 30, 32, 34, 68-9, 107, 112
自由主義　9, 107, 112
蒋介石　72, 98
新保守主義　8, 9
スエズ動乱　39
スターリン、ヨシフ　38, 85, 92, 112
世界恐慌　69
全体主義　10, 24, 38-9, 64, 72, 92
第1次世界大戦　74, 92
第2次世界大戦　39, 69, 78, 80, 86, 96, 112, 116
ナチズム　64, 112, 116
南北戦争（アメリカ）　110
ノーベル平和賞　82, 118, 120, 122, 124
バーク、エドマンド　8, 22, 28
パークス、ローザ　118
パレスティナ　48, 78
ヒトラー、アドルフ　38, 112
平等主義　34
ピョートル3世（ロシア皇帝）　58
ピョートル大帝（ロシア皇帝）　58
フィリッポス2世（マケドニア王）　40
プガチョフ、イェメリヤン・イヴァノヴィッチ　58
プトレマイオス1世（ソテル1世）（プトレマイオス朝の創始者）　40
フランス革命　8, 24, 28, 30, 60, 107
ペリクレス　106
保守主義　8-9, 22, 26
ポル・ポト　38, 39
ポンペイウス（グナエウス・ポンペイウス・マグヌス）　44
マキャヴェッリ、ニッコロ　24
マルクス、カール　30, 68
マルクス主義　86, 90, 92, 94, 96, 98, 102, 120
ミル、ジョン・スチュアート　106
民主主義　8, 9, 12, 20, 32, 34, 62, 68, 72, 76, 80, 88, 106-7, 112, 114
毛沢東　38, 85, 87, 94
モハンマド・レザー・シャー・パフラヴィー（イラン皇帝）　100
モンテスキュー（シャルル＝ルイ・ド・スゴンダ）　5, 39, 88, 106
ユダヤ教　18, 52, 56, 64, 78
リチャード1世（イングランド王）　48
リンカーン、エイブラハム　106
ルートヴィヒ1世（敬虔帝、ルイ1世）（フランク皇帝）　46
レーガン、ロナルド　9
ロック、ジョン　106
ローマ帝国　44
ロールズ、ジョン　106